T0207998

بسم الله الرحمن الرحيم

التدريب الفعال
منهجي وتطبيقي

التدريب الفعال

منهجي وتطبيقي

باسم الحميري

الطبعة الأولى
2009م

المملكة الأردنية الهاشمية
رقم الإيداع لدى دائرة المكتبة الوطنية
(2008 / 6 / 1738)

302.66

الحميري، باسم
التدريب الفعال: منهجي وتطبيقي / باسم الحميري
_ عمان : دار الحامد ، 2008 .
( ) ص .
ر. أ. : (1738 / 6 / 2008) .
الواصفات : /التدريب// التنمية الإدارية// إدارة عامة/

❖ أعدت دائرة المكتبة الوطنية بيانات الفهرسة والتصنيف الأولية .

* (ردمك) ISBN 978-9957-32-408-7

دار الحامد للنشر والتوزيع

شفا بدران - شارع العرب مقابل جامعة العلوم التطبيقية
هاتف: 5231081 -00962 فاكس : 5235594 -00962
ص.ب . (366) الرمز البريدي : (11941) عمان - الأردن

Site : www.daralhamed.net
E-mail : info@daralhamed.net
E-mail : daralhamed@yahoo.com
E-mail : dar_alhamed@hotmail.com

لا يجوز نشر أو اقتباس أي جزء من هذا الكتاب، أو اختزان مادته بطريقة الاسترجاع، أو نقله على أي وجه، أو بأي طريقة أكانت إليكترونية، أم ميكانيكية، أم بالتصوير، أم التسجيل، أم بخلاف ذلك، دون الحصول على إذن المؤلف الخطي، وبخلاف ذلك يتعرض الفاعل للملاحقة القانونية.

المحتويات

مقدمـة

يزداد الإحساس بأهمية التدريب في العالم وفي وطننا العربي يوما بعد يوم، وهناك اليـوم عـدد متزايد من المنشآت التي تعول على تـدريب قواها العاملة كخطـوة أساسية نحـو الارتقـاء بـالأداء ومعدلات إنتاجية المنشأة. ويوجد في المقابل من لا يزال غير مقتنـع بالـدور الحيـوي للتـدريب فنراه مشككا بدوره، أو مترددا منه ويبخل بالصرف عليه.

ويتحمـل المـدرب دورا أساسيا في معالجـة الظواهـر السـلبية نحـو التدريب، فالأداء الجيـد للعملية التدريبية كفيل بإزالة الشك عن جدوى التدريب، وخلق اليقين بفاعليته في تطوير قابليـات العاملين من خلال زيادة المعارف وصقل المهارات الضرورية للعمل.

يهدف هذا الكتاب إلى تعريف القارئ بمنهجية التدريب التي يحتاج إليهـا كـل مـن يمـارس التدريب والتعليم بشكل عام وفي مجال تدريب التطوير الإداري بوجـه خـاص، لهـذا جـاءت فصوله التي تتناول الجوانب العملية من التدريب بصيغة هي أقرب إلى "دليـل عمل" للمدرب لكـل مراحل العملية التدريبية ابتداء من تحديد الحاجـات التدريبيـة، ومـرورا بوضـع وصياغة خطـة التـدريب وتصميم وتنفيذ الدورة وانتهاء بتقييمها. وهو من الكتب التي يحتاج القارئ الرجوع إليهـا باستمرار في حياته العملية كونها "دليل عمل". يستفيد من هذا الكتاب الذين اتخذوا من التدريب مهنة لهم سواء كانوا يعملون في المراكز المتخصصة بالتـدريب أو في دوائـر المـوارد البشـرية وأقسـام التدريب بالوزارات والمنشآت، والذين يمارسونه بين حـين وآخر، ويسـتفيد منه التدريسيون بـأنواعهم أيضا. وسيجد القارئ إن الكتاب ذو طابع عملي وزاخر بالأمثلة العملية التي هـي حصيلة تجربة طويلة للمؤلف في مجال عمله كخبير في مجال التدريب والاستشارات الإدارية في العراق لأكثـر مـن ثلاثين عاما.

يبدأ الكتاب بالفصل الأول الذي يوضح مفهوم وأهمية التدريب للقارئ، ثـم يسـتعرض أهـم أنواع التدريب والعملية التدريبية. ويعطي هذا الفصل حيزا للتعرف عـلى المـؤهلات المطلوبة مـن المدرب كي يؤدي دوره بنجاح إلا انه لا يدخل في تفاصيل واجبات المدرب حيث يـترك ذلـك إلى فصل لاحق. كما يسلط الفصل الأول الضوء أيضا على أهم

المعوقات التي تواجه التدريب في الوقت الحاضر فيصنف أسبابها ويحلل عواملها، مستخلصا إن الهيئات التدريبية والأداء التدريبي غير الجيد يمكن إن يكونا من معوقات التدريب. وتناقش خاتمة الفصل الأول الأثر التدريبي الذي ترنو إليه إدارة المنشأة ووقت حصوله ولمس بصماته على أداء العاملين.

ويتناول الفصل الثاني موضوع الحاجات التدريبية، فيبدأ الفصل بتوضيح مفهوم الحاجة التدريبية ثم ينتقل ليعرض مؤشرات الحاجة سواء كانت داخل المنشأة أو خارجها. وبعدها ينتقل الفصل إلى استعراض طرق تحديد الحاجات التدريبية في المنشأة، متناولا إياها بشكل عملي ومعززة بالأمثلة والنماذج.

ويقدم الفصل الثالث "خطة التدريب" بطريقة هي أقرب للدليل الذي يمكن إن يسترشد به المدرب في وضع خطته التدريبية وسواء كان هذا المدرب يعمل في قسم للتدريب في إحدى المنشآت أو يعمل في أحد مراكز التدريب المتخصصة. فبعد أن يستعرض الفصل مبادئ التخطيط يوضح كيفية صياغة أهداف الخطة وكيفية صياغة السياسات وإعداد البرامج بأسلوب عملي معزز بنماذج تطبيقية تعين القارئ على الفهم والتطبيق بنفس الوقت.

أما الفصل الرابع فهو الفصل الذي يتناول "أساليب التدريب" ويبدأ بعرض لما يجب إن يعرفه كل مدرب عن مبادئ تعليم الكبار. بعد ذلك يتناول الفصل تباعا ثلاثة عشر أسلوبا تدريبيا، معرفا بمزايا كل أسلوب والحالات التي ينصح باستخدامه فيها، وما يجب إن يلتفت إليه المدرب عند استخدامه لأي منها.

الفصل الخامس من الكتاب يحمل عنوان "تصميم وتنفيذ الدورة"، وهو يتناول الجوانب العملية التطبيقية في صياغة هدف الدورة وبرنامجها وكيفية تخطيط جلساتها التدريبية. كما يتعرف القارئ في هذا الفصل على قائمة مراجعة التحضيرات التي توضح ما يجب تحضيره قبل الدورة بفترات زمنية مختلفة. وتحت عنوان " في قاعة التدريب" يتعرف القارئ على واجبات مدير الدورة وكذلك على واجبات المدرب، وبعبارة أخرى التعرف على تقنيات المدرب أثناء الجلسة التدريبية، وكيفية التعامل مع بعض أنواع المتدرب الصعب. ولا ينتهي القارئ من هذا الفصل إلا بعد التعرف على كيفية الاستخدام الفعال لوسائل الإيضاح.

يختتم الكتاب بفصله السادس والأخير الذي يتناول موضوع "تقييم الدورة" بدءا من مفهوم وأهمية تقييم الدورة، وينتقل بعدها إلى عرض ومناقشة الأنواع المختلفة لطرق التقييم وأساليبها، كما يناقش هذا الفصل مسألة أختلف حولها وهي تقييم المتدربين من قبل إدارة الدورة. ويشير هذا الفصل في أحد فقراته "خفايا في التقييم" إلى عدد من الحالات التي يبتعد فيها المتدربون عن التقييم الموضوعي نتيجة مجموعة من العوامل التي يشار إليها في الفصل الذي يختتم بمناقشة موضوع قياس فاعلية التدريب من حيث المفهوم والجدوى.

باسم محمد حسن الحميري
أيلول- سبتمبر 2007

الفصل الأول
مدخل إلى التدريب

الفصل الأول
مدخل إلى التدريب

مفهوم التدريب

يمكن القول إن الإنسان عرف التدريب مع بدايات نشوء المجتمعات الإنسانية الأولى حيث احتاج الإنسان الأول في حينها نقل معارفه ومهاراته في مجال الصيد ونصب الكمائن إلى آخرين. وبتطور المجتمع البشري تطورت الاحتياجات الإنسانية ونمط النشاط الإنساني وتطور التدريب معها من حيث الموضوع والأسلوب. فعندما توطن الإنسان ومارس الزراعة أحتاج تدريب أبنائه وأسرته على كل ما يعرفه من أساليب وفنون هذا النشاط، وهكذا إلى أن تبلورت مجتمعاتنا الحديثة بأنشطتها الاقتصادية المألوفة لدينا اليوم بجوانبها التجارية والصناعية والزراعية وكل ما تحتوي من علم وتقانة. فوجد الإنسان الحديث أنه أمام هذا الكم الهائل من العلوم والأساليب والمهارات اللازمة لا بد من "التدريب" كنشاط إنساني منظم لنقل المعارف والخبرات والمهارات إلى الآخرين كي يمكن مواكبة مستلزمات التطور وتحقيق الأداء الجيد.

تولي المجتمعات الحديثة أهمية متزايدة للتدريب وإن تباينت من مجتمع إلى آخر تبعا لدرجة التقدم والرقي للمجتمع. ومن الواضح أن المجتمعات المتقدمة تهتم بأنشطة التدريب أكثر من تلك المجتمعات التي هي أقل نموا وتطورا. ولأجل الدقة في الاستنتاج يمكن القول إن تقدم المجتمع هو الثمرة الطبيعية للتدريب، ومن الطبيعي أن نرى أن نشاط التدريب يحظى برعاية أكبر في المجتمعات المتقدمة. فقد أيقنت هذه المجتمعات بالتجربة العملية أن التدريب يحسن أداء القوى العاملة وبالتالي يفتح مزيدا من آفاق التطور والنمو.

ينظر إلى التدريب اليوم إلى أنه عملية منظمة تحدث تغييرا في نظرة وسلوك الفرد (المتدرب) إلى عمله، من خلال إكسابه معارف ومهارات جديدة تؤدي إلى تحسين أداءه. فالتدريب هو عملية إيصال معارف و/ أو إكساب مهارات إلى المتدرب يعتمد نوعها على نوع الحاجة التدريبية القائمة. وقد أضحى التدريب في وقتنا الحاضر نشاطا منظما أكتسب شكلا رسميا من خلال الدورات والندوات التدريبية التي تقام للعاملين داخل المنشأة

أو لدى مراكز تدريب متخصصة لهذا الغرض، وتستخدم أساليب تدريبية حديثة في تنفيذ منهاج مثل هذه الدورات سنتطرق إليها لاحقا في المكان المناسب من هذا الكتاب.

أهمية التدريب

يستعان بالتدريب لأنه الأداة التي تساعد بفاعلية على تحقيق الهدف المتوخى تحقيقه. فللمنشئات الاقتصادية وكذلك على مستوى الأفراد والمجتمع عموما أهداف يبغون الوصول إليها، وقد أثبتت التجارب والخبرات الإنسانية أن التدريب هو أنجع الوسائل لتحقيق الأهداف من حيث الكلف والموفورات ومن حيث المدى الزمني للوصول للأهداف وكذلك من حيث النوعية والكفاءة والثقة بالنفس. فالتدريب تهيئة وإعداد للفرد، ولنا عبرة في كلام الله سبحانه وتعالى عندما خاطب سيدنا موسى عليه السلام وهو يهيئه ويعده لمقابلة فرعون وَمَا تِلْكَ بِيَمِينِكَ يَا مُوسَى (17) قَالَ هِيَ عَصَايَ أَتَوَكَّأُ عَلَيْهَا وَأَهُشّ بِهَا عَلَى غَنَمِي وَلِيَ فِيهَا مَآَرِبُ أُخْرَى (18) قَالَ أَلْقِهَا يَا مُوسَى (19) فَأَلْقَاهَا فَإِذَا هِيَ حَيَّةٌ تَسْعَى (20) قَالَ خُذْهَا وَلَا تَخَفْ سَنُعِيدُهَا سِيرَتَهَا الْأُولَى (21) وَاضْمُمْ يَدَكَ إِلَى جَنَاحِكَ تَخْرُجْ بَيْضَاءَ مِنْ غَيْرِ سُوءٍ آَيَةً أُخْرَى (22) لِنُرِيَكَ مِنْ آَيَاتِنَا الْكُبْرَى (23) اذْهَبْ إِلَى فِرْعَوْنَ إِنَّهُ طَغَى(24)) (طه 17-24). وقد ورد هذا الوصف في أكثر من موقع بالقرآن الكريم.

إلا أن التدريب لا يمكن أن يكون لمرة واحدة , فإذا ما قامت إدارة منشأة ما بتدريب جميع العاملين لديها في وقت محدد، معتقدة إن هذه الجرعة التدريبية كافية للعمل كله وللزمن كله فهذه الإدارة على خطأ فادح. فحيث أن الأيام تمضيء تتغير الأحوال والظروف السائدة فتتبدل الأهداف والخطط والبرامج وتتبدل مع كل هذا الاحتياجات التدريبية للفرد والمنشأة والمجتمع باستمرار. فالحاجة للتدريب اليوم هي غير ما كانت عليه بالأمس.

يبدأ الإحساس بالحاجة للتدريب بظهور عامل أو مجموعة عوامل يمكن إيجازها بالآتي:

1- ظهور حاجة لدى الإدارة لتحسين أداء المنشاة:

تصل الإدارة إلى مثل هذه القناعة لعدد من الأسباب، منها على سبيل المثال الحاجة إلى تحسين مكانة المنشأة في السوق. وفي هذا الصدد تعتبر زيادة قدرات العاملين من أهم الروافد لتحسين أداء المنشأة وتحسين وضعها في السوق. فالتدريب - وكما أسلفنا - سيؤمن توفير المعارف والمهارات اللازمة للعاملين لتحقيق ذلك. ولابد من أن يوجه التدريب إلى شريحة العاملين ذات العلاقة. ففي مثالنا السابق يمكن أن يكون العاملون في التسويق وخصوصا المبيعات والتوزيع هم في طليعة العاملين الذين يستهدفهم التدريب.

2- دوران العاملين في المنشأة:

إن العاملين في كل منشأة في تغير مستمر. فهناك باستمرار عدد من الأفراد يتركون العمل كل لأسبابه الخاصة، فمنهم من يترك بسب الحصول على فرصة عمل أفضل، ومنهم من يترك بسب انتقاله إلى موقع جغرافي بعيد كانتقاله إلى محافظة أخرى، أو بسبب الشيخوخة والتقاعد، ومنهم قد يتوفى. وأمام وضع كهذا تجد الإدارة نفسها بحاجة إلى تدريب العاملين الجدد على أساليب العمل وتقنياته كي ينساب عمل المنشأة كما هو معهود لديها سابقا.

3- تطور نشاط المنشأة:

يتعرض عمل ونشاط المنشآت من حين لآخر إلى عوامل وضغوط إيجابية وسلبية تؤثر على حجم نشاط العمل وتنوع الأنشطة التي تمارسها المنشأة مثل اتساع أسواق المنشأة أو تنوع منتجاتها أو خدماتها أو الدخول إلى أسواق جديدة لم تكن المنشاة قد دخلتها بعد، كالدخول إلى أسواق التصدير مثلا...... مما يستدعي توظيف قوى عاملة جديدة في مختلف أقسام الشركة التي قد تتأثر بتوسع الأعمال، كما أن التطور في بعض أنشطة الشركة قد يستدعي بالضرورة تأسيس أقسام أو وحدات تنظيمية جديدة لم تكن قائمة أصلا في تلك المنشأة، فمثلا إذا ولجت المنشأة أسواق التصدير أو الاستيراد تجد لزاما عليها أن تتعامل بالنشاط المصرفي الخارجي وفتح أو متابعة الاعتمادات المستندية، وكذلك أن تمارس نشاط التأمين على البضائع المنقولة لأغراض الاستيراد والتصدير. وفي حالات أخرى قد يكون لقرار صادر من السلطات أثر على كيان المنشأة ونشاطها،

كأن تصدر السلطات قرارا تلزم فيه المنشآت الصناعية بتأمين حدود قياسية في مواصفات منتجاتها مما يستدعي ذلك استحداث مختبرات دائمة للسيطرة النوعية في مثل هذه المنشآت الصناعية.

إن تطور الأعمال وتوسعها على هذا النحو يتطلب توظيف قوى عاملة جديدة إضافة لما هو موجود أصلا. ولكي يؤدوا أعمالهم بشكل جيد لا بد من توفير التدريب المناسب لهم.

4- التطور العلمي والتقني:

يسود عالمنا اليوم تطور هائل في مختلف صنوف العلوم والتقنيات لابد من اللحاق والأخذ بها وإلا تخلفنا عن الركب الحضاري وطوانا النسيان. لابد من متابعة التقدم العلمي والتقني الذي يدخل إلى شتى نواحي الحياة والنشاط الإنساني كالطب والهندسة والصناعة والتجارة فمن لا يتابع هذه التطورات يصبح كمن يمارس الجراحة - في مجال الطب - بمبضع الحلاق وسط بيئة تستخدم أحدث المعدات والتقنيات والأساليب الجراحية في عالم اليوم، أو كشركة صناعية تأمل أن تسوق إنتاجها من التلفزيون الأبيض والأسود في عالم اليوم الذي غمرته التلفزيونات الحديثة بشاشاته المتطورة. وهكذا في مجالات النشاط الإنساني الأخرى مثل التقنيات الصناعية والخدمات والأساليب الإعلانية والزراعة والمواصلات والاتصالات وغيرها. وتجدر الإشارة بشكل خاص هنا إلى أن مواكبة التطورات العلمية والتقنية يجب أن يغطي مختلف نواحي الحياة وبشكل متوازن ويجب أن لايفوتنا أبدا أن يشمل التطوير أولا إدارات المؤسسات والمنشآت الاقتصادية هيئات وأفرادا, فهم العصب الأهم في إدخال التطوير إلى تشكيلات المنشأة وهذا ما يمكن إنجازه من خلال التدريب.

نستخلص مما تقدم إن التدريب يحقق مجموعة فوائد للفرد والمنشاة والمجتمع معا. فهو يحقق للفرد مزيدا من الثقة بالنفس بتوسع معلوماته ومعارفه وزيادة مهاراته في أداء عمله، كما يحقق لديه درجة أعلى من الفخر والرضا الوظيفي عند النجاح في تنفيذ خطط المنشأة، ناهيك عن إحساسه بأنه أصبح أكثر مرغوبا في سوق العمل.

والتدريب يحقق للمنشأة درجة أعلى من التهيئة والإعداد لأعمالها. فالتدريب يمكن أن يحقق لها كفاءة أداء معبر عنها بزيادة الإنتاجية التي هي بعبارة أخرى زيادة في العوائد وخفض في التكاليف. والتدريب أيضا يعزز قدرة المنشأة على مجابهة التطورات البيئية والحالات الطارئة بمرونة ويسر أكثر.

والتدريب يحقق للمجتمع مردودا أيضا، فالفائدة المتحققة على مستوى كل منشأة جراء الزيادة في إنتاجيتها (جراء التدريب) تعني زيادة في إنتاجية عموم المجتمع أيضا معبر عنها في تحسن المستوى المعاشي للمجتمع والفرد وزيادة في مستوى الدخل.

أنواع التدريب

يمكن تصنيف التدريب إلى مجموعة من الأنواع تعتمد على الزاوية التي ننظر بها وكالآتي :

1- الجهة القائمة بالتدريب:

إن المنشأة المستفيدة من التدريب يمكن أن تقوم بنفسها بتدريب قواها العاملة إي بتنظيم وتنفيذ الدورات بالمواضيع المطلوبة. وإذا أريد للتدريب إن يأخذ طابع الدورات الرسمية والواسع فهذا لا يمكن أن يكون إلا بالمنشآت الكبيرة جدا. وبالمقابل يمكن أن تكون الجهة الراعية للتدريب تنظيما وتدريبا جهة متخصصة بالتدريب مثل المراكز التدريبية. ويمكن أن تكون هناك جهة أخرى تقوم بالتدريب وهي منشآت مماثلة بالنشاط والاختصاص إلا أنها قد تتمتع بقابليات أعلى في المعارف والتقنيات والمعدات فيصار إلى اتفاق معها لتدريب بعض أفراد القوى العاملة لديها. وغالبا ما تكون هذه الحالة مع مؤسسات خارج الدولة وتنفيذا لصيغة اتفاقية تمنح فيه المؤسسة الأجنبية ترخيصا للمنشأة الوطنية باستخدام علامتها التجارية ورفدها بالمعارف والتقنيات اللازمة, وتعزز ذلك أيضا بتدريب بعض العاملين في المنشأة الوطنية. كما يمكن أن يكون ذلك تنفيذا لصيغة اتفاقية تعاون قائمة بين دولتين.

2- التدريب في موقع العمل:

وهو تدريب المتدرب على عمله في ذات الموقع الذي يمارس فيه العمل. تستخدم هذه الصيغة في كافة الوظائف لا سيما الوظائف العمالية لتدريب العمال الجدد، أو لتدريب عمال قدامى على كيفية استخدام تقنيات جديدة. وتستخدم هذه الصيغة أيضا في الأعمال المكتبية أيضا خصوصا في بداية تسلم وظيفة جديدة. وبعض من المؤسسات والشركات لها سياسة خاصة في هذا المجال تقوم عل تدريب كل شخص عند تسلمه وظيفة جديدة.

3- العمومية والتخصص:

تتباين الدورات التدريبية بدرجة عمومية أو تخصص برامجها تبعا لاختلاف أهداف تلك الدورات التدريبية. فلكل نوع غاياته وأغراضه فمن الدورات ما هو أساسي ومنها ما هو متقدم، ويمكن الإطلاع على المزيد عن هذا الموضوع في الفصل الخامس من هذا الكتاب.

4- مدة التدريب:

تتباين مدة الدورات من اليوم الواحد (التي قد تكون بضعة ساعات) إلى بضعة أيام أو أسابيع أو أشهر وذلك تبعا لطبيعة وأهداف برنامج الدورة التدريبية. ولا بد من ملاحظة قاعدة عملية عامة هي إن الإدارات العليا في العادة لا تشترك إلا بالدورات القصيرة بسبب ظروفها وكثرة التزاماتها.

العملية التدريبية

تشتمل العملية التدريبية على أكثر من طرف هم المتدرب والإدارة (رب العمل) وقسم الموارد البشرية / التدريب، وأخيرا المركز التدريبي الي ينفذ العملية التدريبية.

ولكي يأخذ التدريب مداه الصحيح في تحقيق أهدافه لابد من توفر القناعة والإيمان لدى إدارة المنشأة (رب العمل) بالتدريب أولا، واعتماد المنهجية الصحيحة في تقدير الحاجات التدريبية وحصرها بشكل صحيح للعاملين من قبل قسم الموارد البشرية / التدريب ثانيا، واستخدام أساليب تدريب مناسبة في الدورة من قبل مركز التدريب الذي غالبا ما يكون هو الجهة المنفذة، ثالثا.

وعليه نجد أن نشاط التدريب موزع من الناحية العملية بين المنشأة (التي غالبا ما تكون أقسام القوى العاملة هي المسؤولة عن ذلك) وبين المركز التدريبي. وكلما زادت درجة إتقان دور كل طرف لدوره، اتسعت فرص تحقيق التدريب لأهدافه. ففي حين ينبغي بالمنشأة أن تعرف بشكل واضح ودقيق حاجات العاملين من التدريب وان تؤمن لهم الفرص التدريبية الملائمة وترشيح الشخص المناسب للدورة المناسبة، تقتضي المسؤولية بمركز التدريب أن يهيئ المدربين الأكفاء الذين يجيدون استخدام وسائل التدريب المناسبة.

مؤهلات المدرب

يحتل المدرب دورا حيويا ضمن طاقم التدريب، فهو الذي يعمل على تقديم وتوصيل المادة إلى المتدربين. لذا فان لأداء المدرب داخل القاعة الأثر الكبير في تحديد نوع التجاوب وخلق الأثر على المتدرب وتكوين الانطباع لديه. وبعبارة أخرى، إن دور المدرب أثناء الجلسة التدريبية يمكن أن يحدد نجاح أو فشل الدورة التدريبية. فما هي مؤهلات ومواصفات المدرب الجيد؟ وأين نجده؟

مما لاشك فيه هو أن من صلب مسؤولية المدرب الاضطلاع بمهمة تقديم المادة التدريبية وتوصيلها بشكل فاعل إلى المتدربين. ويكمن سر المدرب الناجح في عبارة (توصيلها بشكل فاعل)، فهناك نطاق واسع من درجات الأداء في هذا المجال يمتد من الإخفاق، ومرورا بالنجاح، وصعودا إلى أعلى مرتبة النجاح التي فيها يخلق المدرب تأثيرا إيجابيا عاليا لدى المتدربين.

فما هي أدوات المدرب في تحقيق ذلك؟ لأجل أن يكون الشخص مدربا ناجحا لا بد له من امتلاك خاصيتين أساسيتين لتؤهله لهذا الدور.

أولا، إن المدرب الناجح يحتاج أن يكون على كم كبير من المعرفة أو المهارة بالموضوع الذي يقدمه في الدورة. وهذا الكم الكبير من المعارف يفترض توفره في حملة الشهادات العليا في موضوع الجلسة التدريبية، وفي من له الخبرة والممارسة العملية في ذات الموضوع وإن لم يكن هذا الشخص من حملة الشهادات العليا. وفي بعض الحالات قد تحتاج الجلسة التدريبية إلى شخص ملم بجوانب إجرائية معينة لإحدى الدوائر، فيكن خير

المتكلمين هو من يعمل داخل تلك الدائرة من الذين يعرفون هذه الإجراءات والتعليمات التي تنظمها.

ثانيا، يشترط بالمدرب أن يحسن بشكل جيد استخدام أساليب التدريب(راجع الفصل الرابع) وتقنيات التدريب (راجع الفصل الخامس - واجبات المدرب / تقنيات التدريب). وبغير هذه التقنيات والأساليب يكون الشخص الذي يقود جلسة تدريبية "محاضرا" وليس "مدربا", حتى وان كان محاضرا مقتدرا يشد انتباه جميع المستمعين إليه. إن عدد الذين يجيدون استخدام أساليب التدريب وتقنياته محدود في العادة.

إن توفر هاتين الخاصيتين في الشخص أو في رئيس الجلسة يؤهله لان يكون مدربا. إلا أن الأمر ليس بهذه السهولة في واقع الأمر وذلك بسبب صعوبة الجمع بين هذين المؤهلين. فكثير من الأساتذة الجامعيين يمارسون التدريس من وراء منصة المدرس التي لا يغادرونها إلا عند انتهاء الحصة التدريسية ويلقون الكلام بوتيرة واحدة لا تغيير فيها. إلا أنه لا ينكر إن لبعض الأساتذة الجامعيين قدرات عالية في التدريب ويجيدون أساليب وتقنيات التدريب، إلا أن عددهم محدود.

لهذا يواجه مدير الدورة الحريص على نجاح دورته، معضلة في العثور على المدربين المناسبين لدورته ومنهم من يرى أن المدرب بالأوصاف التي ذكرناها آنفا هو كالعملة الصعبة. ولعل في زيادة عدد دورات (تدريب المدربين) التي تعدها بعض مراكز التدريب، ودورات (تطوير أساليب التعليم) التي تعدها بعض المراكز التابعة للجامعات، لعل في ذلك أمل في إعداد المدربين وتوفرهم.

معوقات التدريب

بالرغم من الأهمية الحيوية لنشاط التدريب في تطوير قدرات القوى العاملة في الوزارات وكافة المنشآت سواء كانت عامة أو خاصة، يواجه التدريب عمليا مجموعة من المعوقات التي تحد من دوره وفاعليته في أداء دوره المنشود في هذا التطوير. ويمكن أن تعزى هذه المعوقات إلى الجهات الآتية:

الإدارات العليا في المنشآت

تتحمل بعض الإدارات العليا وزر القسط الأكبر من المعوقات التي تواجه النشاط التدريبي بسبب ما تحمله من قناعات وما تمارسه من سلوكيات خاطئة تجاه التدريب. ومن أهم ذلك:

* ضعف القناعة بدور التدريب:

بالرغم من وجود قطاعات كبيرة من الإدارات التي تؤمن بالتدريب وترعاه، إلا إنه يوجد أيضا البعض من أفراد الإدارات العليا والذين يمتلكون فعلا القرار في تنشيط التدريب أو إهماله، يعانون من ضعف في قناعاتهم تجاه التدريب ومنهم من يتستر وراء حجة الحرص على أموال المنشأة في تبرير عدم تدريب العاملين. إن ضعف قناعة الإدارة العليا يؤدي إلى غياب كل ما له علاقة بالتدريب من سياسات وخطط وبرامج في المنشأة، وكذلك عدم الالتفات إلى الحاجات التدريبية ولو من باب الفكرة العامة.

ومن الملاحظ أن الإدارات العليا في القطاع الخاص بشكل عام – على الأقل في بعض الدول العربية - هي أكثر انكماشا وتحفظا تجاه التدريب من زميلتها في القطاع العام، ويفسر ذلك لعاملين. أولاهما، إن الرابطة التي تربط أفراد الإدارة العليا برأس مال منشأة القطاع الخاص هي أعلى من تلك الموجودة في حالة القطاع العام. فالشعور بالرابطة (بل الملكية) برأس مال المنشأة هو شعور أعلى في القطاع الخاص، وهذا شيء طبيعي. إلا أن هذا الشعور إذا ترادف معه ضعف في القناعة بما يمكن أن يحققه التدريب، يتحول هذا الشعور إلى سلوك العزوف عن التدريب. وثاني العاملين، إن إدارات القطاع الخاص غالبا ما تعيش في هاجس المنافسة، فهي تخشى منافسة الآخرين لها، وضمن هذا "التحفظ" تخشى هذه الإدارات انتقال بعض العاملين لديها إلى المنافسين، وبذلك ينقلون معهم (بعد تدريبهم) ما اكتسبوه من معارف وخبرات إلى المنافسين.

* ضعف ميزانية المنشأة:

تسعى الإدارات دائما إلى الحد من الإنفاق كما تعاني أحيانا من شحة الموارد وهبوط الميزانيات. ولا شك إن هبوط ميزانيات المنشآت يشمل جميع أوجه الصرف ومنها التدريب الذي غالبا ما يكون الضحية الأولى في ظروف التقشف والحد من

المصروفات. كما يمكن اعتبار ضآلة ميزانيات التدريب في عدد من المنشآت هو المحصلة الطبيعية لضعف القناعة بالتدريب.

*** تدريب الأشخاص غير المناسبين:**

ومن المنشآت من تستجيب لدعوات التدريب وترشح بعض موظفيها لبعض الدورات، إلا أنها تخفق في ترشيح الموظف المناسب للدورة المعنية لكون طبيعة عمل الموظف تختلف عن موضوع وأهداف الدورة، أو لوجود تباين كبير بين المستويين. إن ممارسات كهذه تحول دون الاستفادة من الدورة وتجعل من التدريب نشاطا عقيما وتبذيرا للمال. ويلاحظ شيوع مثل هذه الممارسات في الترشيح للدورات التي تعقد خارج الوطن في الدول المتقدمة وأماكن جذابة.

كما أيضا توجد بعض الممارسات الخاطئة التي يرشح فيها لدورات تتناول أنشطة أو مهارات لا تهم المنشأة بشيْ كالاشتراك في دورة عن التصدير في حين أن المنشأة غير معنية إطلاقا بالتصدير.

*** نقل المتدرب إلى موقع آخر:**

لما كانت فكرة التدريب تقوم على تلبية حاجة تدريبية أو سد فجوة في أداء الموظف للنهوض بأدائه إلى مستوى أعلى، فانه حري بالإدارة أن تستفيد من قدرات هذا الموظف بعد انتهاء الدورة للنهوض بوظيفته التي هو بالأصل يمارسها، لا أن ينقل إلى وظيفة أخرى غير ذي علاقة بموضوع الدورة التي رجع منها للتو. وتبين من نتائج دراسة ميدانية قام بها المؤلف في منتصف الثمانينيات من القرن السابق وتناولت معوقات التدريب في وزارة التجارة بالعراق إن نسبة غير قليلة من المتدربين من هذه الوزارة تعرضوا في حينها إلى مثل هذه الحالة غير المناسبة.

*** عدم إعطاء المجال للمتدرب لإجراء تطوير على عمله:**

إن الغاية من إشراك الموظف في دورة تدريبية هي تحسين أو تطوير أدائه إلى مستوى تنشده المنشأة، وهذا التطور في أداء الموظف يمكن أن يتجسد بسلوكه الوظيفي، ونظرته للعمل، ومهارات يكتسبها ويبدأ بممارستها، أو معارف يتعلمها ويسترشد بها في

عمله. لهذا من الطبيعي أن يحاول الموظف الراجع توا من دورة تدريبية تطبيق بعض ما تعلمه وتدرب عليه في الدورة سواء كان على شكل ممارسة مهارة معينة (كالتعامل مع الزبائن أو المراجعين) أو على شكل تصميم واستخدام بعض النماذج التي تخدم عمله أو غير ذلك من حالات. وقد تبين أيضا، من الدراسة التي أشير إليها في لفقرة السابقة، إن نسبة كبيرة من المتدربين الذين مضى على تدريبهم مدة زمنية تتراوح بين 3- 6 شهور يعانون من الإحباط جراء عدم إعطائهم الفرصة لتطبيق ما تعلموه.

الأطراف التي تقوم بالتدريب

ونقصد بها كافة الجهات التي تشارك بالعملية التدريبية سواء كانت داخل المنشآت أو خارجها. ففي داخل المنشآت لدينا أقسام التدريب التي يمكن إن تساهم في عمليات ترشيح منتسبي المنشأة إلى الدورات، كما قد تمارس عملية تحديد حاجات العاملين للتدريب. كما إن كل دورة تدريب لا تخرج إلى حيز الوجود من دون مدربين سواء كانوا من داخل المنشأة أو مستضافين من خارجها. أما خارج المنشأة فلدينا مراكز التدريب التي تضطلع بالتدريب تصميما وتنفيذا.

إن أي ضعف في أداء الأطراف التي تقوم بالتدريب سواء كان ذلك في مرحلة تحديد الحاجات التدريبية أو تصميم البرامج أو تنفيذها أو في التنسيق ما بين الأطراف التدريبية نفسها (بين أقسام التدريب بالمنشآت وبين مراكز التدريب) يمكن أن يساهم بتعويق أو فشل نشاط التدريب. ولهذا العامل خطورة خاصة إذ أن الاخفاقات الناجمة عن الأطراف التدريبية تساعد على تكريس ضعف قناعة الإدارة العليا بالتدريب، وهو المعوق الي تكلمنا عنه آنفا. وتتجسد اخفاقات أطراف التدريب بالآتي:

*** التدريب دون مؤشرات للحاجة التدريبية:**

قد يمارس التدريب من دون الاستناد إلى مؤشرات عن الحاجة التدريبية للعاملين في المنشأة، وبالتالي يكون ترشيحهم للدورات التدريبية المختلفة هو حالة أقرب للمزاجية والعفوية منها إلى التدريب المنظم الذي يأخذ بنظر الاعتبار وفق كل شيء احتياجات العمل.

* أهداف غير واضحة للتدريب:

لأجل أن يكون التدريب فاعلا ينبغي ترشيح الموظف للدورة التدريبية التي تلبي حاجته التدريبية أثناء العمل. فقد تحمل بعض الدورات نفس العناوين ألا أنها متباينة في الأهداف. ومن جانب آخر، قد يقع الإخفاق في هدف الدورة على الجهة المنظمة لها التي لا تعطي العناية الكافية لصياغة هدف الدورة، وبذلك قد يحضر الدورة بعض الأشخاص الذين لديهم توقعات مغايرة لما تقدمه الدورة فعلا. وباستطاعة القارئ الإطلاع على المزيد عن هذا الموضوع في الفصل الخامس من هذا الكتاب.

* الضعف في بناء الدورة:

قد تخفق هيئة التدريب في تصميم الدورة. فبدل أن تكون مفرداتها مترابطة متكاملة ينتقل فيها من موضوع إلى آخر بسلاسة وموضوعية، يشعر المستمع (المتدرب) إن مواضيع الدورة مبتورة وغير مترابطة وربما البعض من هذه المواضيع لايصب بهدف الدورة. وفي هذه الحالات يعتبر بناء الدورة ضعيفا - بل فاشلا - إن لم يكن منسجما مع هدف الدورة.

* احتواء الدورة على مواضيع غير قابلة للتطبيق:

في حالات أخرى قد نجد انه بالرغم من أن مواضيع الدورة مترابط بعضها ببعض بشكل جيد وتصب بالهدف الموضوع للدورة إلا إن الدورة تعاني ضعف من شكل آخر هو إن مواضيع الدورة غير قابلة للتطبيق في مجتمع المشاركين ومنشآتهم بسبب عدم التباين في مستوى التقدم بين مستوى الأساليب التي تطرحها الدورة وبين واقع الأداء الفعلي في المنشآت، وكذلك بسبب التباين الثقافي وفي القيم بين المجتمعات المقتبس منها تلك الأساليب وقيم وثقافة مجتمعنا.

* اعتماد أساليب تدريب غير فعالة:

ومن العوامل الأخرى التي تساهم في إضعاف الدورة هو استعمال المدرب لأساليب تدريب لا تنسجم مع متطلبات هدف الدورة وطبيعة المادة التي يقدمها للمتدربين كأن تخلو الدورة من الأساليب العملية في حين يقتضي واقع الحال من المدرب استخدامها بشكل

واسع كون الدورة تهدف إلى إكساب المشاركين بعض المهارات. وبإمكان القارئ الإطلاع على تفاصيل أساليب التدريب في الفصل الرابع من هذا الكتاب.

* سلوكية هيئة التدريب:

يتأثر المشاركون كثيرا بسلوكيات هيئة التدريب المتمثلة بالاحترام والتعاون والجو الآمـن أثنـاء التدريب. وعند الحديث عن سلوكية هيئة التدريب فإن ذلك لا يقتصر على المدرب فقط بل يشمـل المدرب ومدير الدورة والسكرتارية التي لها دور حيوي في رسم الأثر الطيب في الترحاب وإبداء العون للمشاركين طوال مدة الدورة. ففي دورات كثيرة يجد المتدرب – وكـذلك المـدرب الخـارجي – نفسـه ضائعا منذ لحظة وصوله إلى مقر الدورة، فلا أحد يرشده أو يرحب به. ومن هذه السلوكيات مـا لـه علاقة بالتعامل الشخصي، وهو له أثر بالغ على الجميع من متدربين ومدربين زائرين، ومنـه مـا لـه علاقة بالسلوك المهني للتدريب تجاه المتدربين والمدربين معا، وفي هذا الصدد يمكن سرد قائمة طويلة من الأمثلة التي منها أن لا يتوفر منهاج مطبوع للدورة للمشاركين، أو أن يطلب من المحاضر الزائـر الدخول إلى قاعة التدريب من تقديم وتعريف به. ويجد القارئ في الفصل الخامس شرحا لسلوكيات وتقنيات التدريب الصحيحة معززة بالأمثلة.

* الأجواء البيئية للدورة:

من المؤسف أن لا تتوفر لبعض الدورات الأجواء البيئية والخدمات المساعدة اللائقة خصوصا إن كانت الدورة تتمتع بمستوى عال ورصين من الناحية الفنية والأداء. فقد نجد أن الدورة قد تفتقـر إلى الكراسي المريحة أو التكييف المناسب أو بعد الحمامات وعدم نظافتها.

المتدربـون

يساهم بعض المتدربين بخلق بعض المعوقات للتـدريب مـن خـلال بعـض السـلوكيات التـي يتبعونها أثناء الدورة والتي يمكن إن تشكل ضغطا كبيرا علـى هيئة التدريب خصوصا إذا أخـذ السلوك السلبي طابع الظاهرة العامة لأغلب المتدربين. وهنا تسـتحق الإشـارة إلى إن المتـدربين هـم الحلقة الأسهل من حلقات المعوقات، فالأداء الجيد للدورة والتصرف

25

اللبق من قبل هيئة التدريب كفيلان بالتغلب على ما يبدو من معوقات من طرف المتدرب، وكم من متدرب حضر للدورة مكرها متذمرا ثم خرج منها مسرورا بما أكتسبه منها. ومن أهم أسباب السلوك السلبي:

*** الإكراه على الحضور:**

"بعدما شاب ودّوه للكتّاب". بهذه العبارة يتمتم بعض المشاركين عند دخولهم القاعة في اليوم الأول للتدريب، معبرين عن تذمرهم وعدم رضاهم عن وجودهم على كراسي التدريب. وقد يأخذ عدم الرضا هذا صورا حادة كأن تكون على شكل تعليقات لاذعة تسخر من الدورة أو من بعض جوانبها.

من الفئات المرشحة لأن تسلك سلوكا متعاليا في الدورة هم بعض أفراد الإدارة العليا ممن جرى ترشيحهم من جهات قيادية أعلى منهم (كالمدير العام الذي حضر للدورة بموجب أمر الوزير). لكن لا ينكر وجود إدارات عليا ترشح نفسها ذاتيا للدورات وتتفاعل بشكل كبير مع ما يقدم فيها من مواد.

*** مقاومة التغيير:**

البعض من المشاركين قد يخشى بأن تترتب عليه وعلى عمله بعض التبعات بعد انقضاء الدورة، وهذا ما يغشاه فهو مرتاح على ما هو عليه الآن، ولا يرغب بأي تغيير على واقع عمله. وربما يرى في التغيير عاملا يهدد مصلحته أو مصالح بعض زملائه. وينعكس كل ذلك على سلوكه في الدورة.

*** التخوف من الإحراج:**

يقلق بعض مشاركي الدورات من خشية التعرض إلى مواقف محرجة جراء الاضطرار للتحدث إلى مجموعة كبيرة نسبيا من الناس، أو خشية عدم التمكن من الإجابة بشكل صحيح على الأسئلة التي قد توجه إليه. إن مثل هذه العوامل وغيرها قد تجعل المتدرب ينظر إلى الدورة كمكان غير آمن له.

متى يحدث الأثر التدريبي؟

من البديهي أن تترقب الإدارة الواعية للمنشأة الوقت الذي تجني فيه ثمار تدريب موظفيها وتستعيد عوائد الإنفاق الذي تحملته لتدريبهم. لا شك أن تتوقع إدارة المنشأة أداءً أفضلاً من منتسبيها حين عودتهم من التدريب. لكن متى هذا ال "حين"، وهل من عوامل يتوجب توفرها كي تتحقق ثمار التدريب؟

نحن في هذه السطور لسنا بصدد تقييم التدريب، كما لسنا بصدد قياس فاعليته، وإنما فقط مناقشة متى يمكن أن يتحقق الأثر التدريبي المنشود بافتراض توفر النجاح للعملية التدريبية. فهل يكون قطف الثمار فور عودة الموظف إلى وظيفته، أم بعد حين من ذلك.

يلمس الأثر التدريبي لبعض أنواع التدريب فعلا حال استئناف الموظف لعمله بعد رجوعه من التدريب مثل الموظفة التي تكلف بطبع المراسلات وتخضع لدورة تدريب لتحسين أدائها في الطباعة، أو البائع الذي يدرب على مهارات البيع والتعامل مع الزبائن، ففي الحالات الاعتيادية تلمس الإدارة تحسنا ملموسا في أداء موظفيها. وقد يصح القول إن قلنا عموما بتحقق الأثر التدريبي السريع في الحالات التي يستهدف فيها التدريب مهارات المتدربين، وبافتراض نجاح دورة التدريب من الناحية الفنية كما أسلفنا. وفي هذه الحالات يتحسن أداء الفرد فور انتهاء التدريب نتيجة اكتساب "المهارة" إلا أن الأداء يبقى بعد ذلك في تحسن باستمرار نتيجة الممارسة والخبرة اللتان تصقلان المهارة.

وبالمقابل توجد دورات لا يلمس أثرها التدريبي البين على الفور بنفس القوة والوضوح التي يظهر فيها بدورات المهارات وإنما تحتاج إلى بعض الوقت كي نتبين أثره التراكمي. وهذه الدورات تشكل مجموعة عريضة من نشاط التدريب التي لأجل أن نحصد ثمار التدريب فيها لابد من تدريب مجموعة من الموظفين الذين يترابط عمل بعضهم ببعض. ولما كان تدريب مثل هؤلاء الموظفين يجري على شكل دفعات أو بعضهم بعد بعض، فإن أثر التدريب يكون **تدريجيا وتراكميا** لحين تدريب جميع أو أغلب هذه المجموعة من الموظفين.

نستنتج مما تقدم في الحالة أعلاه بأن التدريب يجب ألا يقتصر على شخص أو أثنين، بل يجب أن يكون شاملا للجميع. إن الأداء الوظيفي للمجموعة أو للقسم يبقى معوقا

إن أقتصر التدريب على مدير القسم أو أحد منتسبيه فقط. إن التعامل بين الرئيس والمرؤوس يكون أكثر سلاسة وإيجابية عندما يكون التدريب عموديا، أي عندما يخضع للتدريب المدير العام ورئيس القسم ومساعده ومساعد مساعده فعندها يتوفر الفهم المشترك واللغة المشتركة بين الجميع. كما ينبغي للتدريب أن يكون أفقيا في المنشأة، أي بمعنى أن يشمل كافة الأقسام والوحدات التنظيمية فيها إذ لا جدوى من تطوير أحد الأقسام من دون تطوير الأقسام الأخرى. فإذا أحدثنا عن طريق التدريب تطويرا في قسم المشتريات وقسم الإنتاج من دون تطوير مماثل في المخازن، فقد يتعثر أداء قسمي المشتريات والإنتاج بسبب ضعف أداء المخازن حيث أن العملية الإدارية هي حالة متكاملة، وإن أجرينا تطويرا فيجب أن يكون متوازنا ليشمل كافة تشكيلات المنشأة، فحينها يكون الأثر التدريبي جليا واضحا.

ويتجسد أثر وفاعلية التدريب إذا أقترن بعمل استشاري، حيث يكون التدريب حينها مكملا لعمل استشاري يهدف إلى تطوير نظم وأساليب عمل قائمة أو جديدة. ففي حين يأخذ العمل الاستشاري دوره في دراسة وتحليل الوضع الحالي (لنظام العمل أو الأسلوب أو الإجراء الذي هو قيد الدراسة) ثم وضع النظام البديل المناسب، يأتي دور التدريب ليؤدي دوره على مساعدة العاملين على كيفية التعامل بشكل صحيح مع النظم والأساليب الجديدة. ففي حالة كهذه تتاح الفرصة للمنشأة أن تعيد النظر بنظم وأساليب عملها باتجاه التحديث والتطوير، وتتاح لها الفرصة ثانية لتدريب العاملين المعنيين بنظام العمل المعني بما يؤمن ضمان تحقيق كفاءة في الأداء جراء العملية الاستشارية والعملية التدريبية معا، وتتاح لها الفرصة ثالثة بأن يجري التدريب دفعة واحدة لكافة الموظفين المعنيين بأسلوب التدريب في موقع العمل مما يتيح تحقيق أثرا تطويريا سريعا للمنشأة.

الفصل الثاني
تحديد الحاجات التدريبية

الفصل الثاني
تحديد الحاجات التدريبية

المفهوم والأهمية

مهما كانت صفة المرء المهتم بالتدريب مديرا أو مدربا أو مسؤولاً للقوى العاملة، إن ما يهمه في التدريب هو أن يتجه الجهة الصحيحة في تلبية احتياجات العاملين من المعارف والمهارات لتحسين أداء أعمالهم . ويمكن ملاحظة وجود الحاجة للتدريب عندما يلمس وجود فجوة بين مستوى الأداء الفعلي للفرد وبين مستوى الأداء المراد الوصول إليه. فعندما تكون مثلا سرعة الطباعة لدى إحدى الموظفات على مفاتيح الحاسبة إلكترونية أو الآلة الطابعة دون السرعة المطلوبة، والمعبر عنها بعدد الأحرف بالدقيقة الواحدة، يتبين حينها وجود حاجة لتدريب هذه الموظفة. وكذلك الحال في حال المدير الذي لا يستطيع القيام إلا بسبعة فقرات من الفقرات العشرة المناطة بوظيفته، فهناك حاجة لتدريبه على كيفية أداء الفقرات الثلاثة أيضا.

تحقق عملية تحديد الحاجات التدريبية عددا من الفوائد يمكن تلخيصها بالآتي :

1. المساعدة على حسم موضوع وجود/عدم وجود حاجات تدريبية للعاملين، وكذلك نوع وكم هذه الحاجات. فإن وجدت حاجات تدريبية فهي ستكون واقعا ملموس، وجودها من باب اليقين وليس افتراضا.

2. زيادة فاعلية نشاط التدريب. إذا كانت المنشأة تعاني من ضعف الأداء والنتائج، فإن عملية تحديد الحاجات التدريبية تساعد على تسليط الضوء على مكامن ضعف الأداء في مفاصل المنشأة والعاملين. فقد تكشف النتائج عن وجد ضعف حاد في عدد من مفاصل المنشأة كالسيطرة النوعية وشؤون العاملين، في حين يوجد ضعف بسيط في أداء قسم التوريد مثلا. وبعبارة أخرى إن تحديد حاجات التدريب يساعد على توجيه النشاط صوب المفاصل التي تحتاجه حقا.

3. تساعد بشكل حيوي على رسم إطار التدريب المطلوب ومحتوياته، فعندها تتبين الأولويات التدريبية التي تستحق التركيز عليها يتيسر للعملية التدريبية أن تسهم

بشكل هادف في تطوير قابليات العاملين لتحقيق أهداف المنشأة. فعندها تتبين – في المثال المذكور بالفقرة السابقة – المجالات التي يجب أن يركز عليها في مجالات السيطرة النوعية للموظف الأول، وفي مجال إدارة الأفراد للموظف الثاني، وفي مجال إجراءات التوريد للموظف الثالث.

4. تسهم بشكل مباشر برسم نتائج التدريب المرغوب الوصول إليها. وهذه في الواقع فائدة مضافة تمكن الإدارة (لاحقا) من تقييم الدورة التدريبية بشكل خاص والنشاط التدريبي بشكل عام.

5. تساعد على كسب دعم الإدارة للتدريب، فتوفر مؤشرات أو بيانات واضحة عن حاجات التدريب هو أكثر إقناعا وتأثيرا للإدارة من دونه.

مؤشرات الحاجة للتدريب

تعمل المنشآت في عالم تتغير فيه أحوال السوق باستمرار، وفيه تطور علمي وتقني دائم، وفيه منافسون كبار وصغار، كما فيه قوانين وتعليمات وضوابط، وفيه الأهم زبائن لهم حاجات متجددة يبحثون عن كل ما يلبي احتياجهم بشكل أفضل. وتعمل المنشآت اليوم في زمن أصبح فيه التدريب حاجة مستمرة إزاء المتغيرات في البيئة المحيطة بالمنشآت، فيمكن مثلا وصف الحد الأدنى للحاجة التدريبية هو : تجديد أو تنشيط ما هو متوفر الآن من معلومات لدى العاملين، هذا إن كانت العوامل البيئية شبه مستقرة. إلا إن واقع الحاجة للتدريب أوسع وأعقد من هذا بكثير، فالتغيرات حاصلة باستمرار مكونة عوامل دائمية لنشوء هذه الحاجات. ويمكن الإشارة إلى هذه العوامل بالشكل الآتي:

أولاً- عوامل خارجية:

هي مجموعة عوامل تنشأ خارج حدود المنشأة وليس بمقدورها (المنشأة) إلغائها أو التأثير عليها وان كان من ضمن قدرتها التكيف لها. لعل من أهم هذه العوامل الخارجية هو التطور العلمي والتقني خصوصا في النواحي ذات الصلة بنشاط المنشأة بشكل مباشر. إلا إنه يجب عدم إغفال ما قد يبدو عديم الصلة بنشاط المنشأة. فالتطورات التقنية التي أدت إلى ظهور خدمات شبكة المعلومات (الإنترنت) لم تكن لتبدو في حين ظهورها أول

الأمر إنها ذو صلة بنشاط معظم المنشآت الاقتصادية، إلا أن سرعان ما ثبت صلتها وأهميتها فسارعت تلك المنشآت لتدريب بعض العاملين لديها للتعامل مع هذه الشبكة.

وتضم هذه المجموعة عوامل مهمة أخرى مثل نشاط المنافسين والأساليب التي يتبعونها وما يتمخض عن ذلك من زيادة أو انحسار في شدة المنافسة. وكذلك تضم عامل آخر مثل صدور قوانين أو تعليمات تؤثر على نشاط المنشأة.

ثانياً- عوامل داخلية:

وهي مجموعة عوامل قد تظهر داخل المنشأة تشير إلى وجود حاجة لتطوير العاملين، وقد تكون أكثر وضوحا لعيان إدارة المنشأة. ومنها:

1- التعيينات الجديدة: تستدعي ضرورات العمل من حين لآخر إجراء تعيينات جديدة من الموظفين أو المشرفين مما يستدعي تهيئة التدريب المناسب للقادمين الجدد كل في مجال عمله، وان كان الجميع يشترك في حاجة التعرف على المنشأة "الجديدة" أولا.

2- الترقيات: إن ترقية أحد العاملين إلى درجة أعلى من المسؤولية قد يستدعي زيادة مهاراته في بعض جوانب العمل عن طريق التدريب.

3- مشاكل في الأداء: قد تظهر أثناء العمل بعض المشاكل التي تؤدي إلى انخفاض مستوى الأداء على مستوى عموم المنشأة أو على مستوى بعض الأقسام مثل الإنتاج أو المشتريات أو النوعية أو جود زيادة في إصابات العمل مما يستدعي أيضا تطوير قابليات العاملين بواسطة التدريب.

4- إعادة النظر برسالة أو ستراتيجية المنشأة: إن اتخاذ إدارة المنشأة قرارا بتبديل أو تعديل ستراتيجية المنشأة قد يتطلب تغيير معظم نظم وأساليب العمل المعتمدة سابقا.

5- تحديث الأجهزة والمعدات.

6- إدخال تقنيات وبرامج عمل جديدة.

7- تطبيق نظم عمل إدارية جديدة.

8- طلب العاملين للتدريب.

طرق تحديد حاجات العاملين للتدريب

في المنشآت المتوسطة والكبيرة يتعقد تشخيص حاجات التدريب لكثرة عدد العاملين من جهة وتنوع تلك الحاجات من جهة أخرى. لهذا يلجأ إلى طريقة أو أكثر لتحديد (تحليل) حاجات العاملين للتدريب وكذلك تحديد نوع الفعاليات والدورات المطلوبة لسد الفجوة في مستوى أداء كل فرد (متدرب) بين الواقع الفعلي لأدائه وبين الطموح. وعند تحديد الحاجات ينبغي الانتباه والتركيز على احتياجات الوظيفة والعمل وليس على الرغبات "الشخصية". فقد يرغب موظف بسيط في قسم القوى العاملة للمشاركة في دورة تدريبية في " إدارة التفاوض" في حين أن احتياجه التدريبي هو المشاركة في دورة عن "إدارة الأفراد"، وموظف آخر قد يرغب المشاركة في دورة "مهارات إدارة الاجتماعات" في حين حاجته الحقيقية هي "الاعتمادات المستندية".

يمكن أن يلجأ قسم التدريب في المنشأة إلى عدد من الطرق لتحديد حاجات العاملين التدريبية. وهذه الطرق هي:

1- مراجعة أهداف وسياسات المنشأة السابقة واللاحقة:

إن هذه المراجعة يمكن أن تتيح لمن يقوم بها النظرة الشمولية لما ينبغي أن يكون عليه التدريب من حيث التوجهات الأساسية والأهداف والأولويات. فلو تبين من جراء مثل هذه المراجعة في شركة تجارية مثلا إن هذه الشركة بصدد توسيع المجموعات السلعية التي تتعامل به، فعلى اختصاصي التدريب أن يتفحص مدى أثر ذلك على أنشطة المشتريات والبيع والتوزيع وخصوصا المخازن من الناحية التدريبية.

2- الالتقاء بالمدراء والمشرفين:

يحتاج اختصاصي التدريب إلى الالتقاء بمختلف المستويات الإدارية للمنشأة للتعرف منهم على رؤاهم للحاجات التدريبية الآنية والمستقبلية. فالإدارة العليا يمكن أن تشير إلى الاتجاهات العامة وإلى ضعف الأداء في بعض أنشطة المنشأة كما تتبين لها من تحليل الميزانية والحسابات الختامية وكذلك من تقارير الأداء المرفوعة إليها، ويستطيع مدراء الأقسام والمشرفون تحديد تفاصيل الحاجات التدريبية بشكل أكثر وضوحا وتفصيلا من الإدارة العليا لكونهم أقرب إلى تفاصيل مفردات العمل اليومي.

3- الالتقاء بالعاملين:

يتيح اللقاء المباشر بالعاملين التعرف على وجهات نظرهم في تحديد مجالات التدريب، كما أن مثل هذا الحوار قد يكشف للباحث عن وجود حاجات تدريبية خفية غير واضحة وغير ملموسة من قبل الإدارة ولا من العاملين، إلا أن الباحث يمكن أن يستنتجها من خلال الحوار مع رؤساء الأقسام والعاملين كالحاجة إلى دورات في "الاتصالات الإدارية" أو "إعداد التقارير" لزيادة فاعلية الاتصال بين المدير والمرؤوسين. وإن كان عدد العاملين في المنشأة كبيرا جدا فيمكن لجوء اختصاصي التدريب إلى مقابلة شريحة منهم، أو إجراء مسح شامل منظم يعتمد استبيانا معدا سلفا.

4- المسح:

عندما يكون عدد العاملين أكبر من ان يستطيع اللقاء بهم شخصيا فردا فردا لتسجيل وتوثيق مجالات التدريب التي يحتاجونها يصار إلى إعداد استبيان يحتوي على مجموعة من الأسئلة التي من خلالها يمكن تحديد نوع التدريب لكل شخص. ويوزع هذا الاستبيان على جميع العاملين.

وفي مجال تحضير الاستبيان لا بد من إعطاء عناية خاصة لصياغة الأسئلة ووضوحها وتسلسلها، وينطلق كل ذلك من الهدف الموضوع أساسا للاستبيان. وعليه لا يمكن إيجاد نموذج موحد يمكن اعتماده في جميع المسوحات التي هي من هذا النوع. إلا أن هذه الاستبيانات يمكن أن تتشابه في هيئتها العامة وفقراتها الأساسية، كما أن لا مناصة أن لا مناصة من اختلاف في التفاصيل مثل تسمية مجالات التدريب المطلوب. والنماذج الموضحة أدناه يمكن أن تكون استبيانا لإحدى المنشآت الصناعية:

معلومات أساسية عن الموظف

الاسم:

القسم:

الدرجة الوظيفية:

مدة الخدمة في الشركة:

☐ أقل من سنة

☐ 1 – 2 سنة

☐ 3 – 5 سنة

☐ 6 – 10 سنة

☐ 11 – 14 سنة

☐ 15 – 20 سنة

☐ 21 – 25 سنة

☐ أكثر من 25 سنة

أي من الدورات التالية تحتاج المشاركة فيها ؟ (حدد ثلاث أولويات)		
موضوع الدورة	أساسية	متقدمة
المهارات الإدارية		
تقييم كفاءة أداء المنشأة		
التخطيط الستراتيجي للمنظمة		
إدارة التسويق		
إدارة الإنتاج		
إدارة المشتريات		
الحسابات		
إدارة الموارد البشرية		
إدارة الخدمات		
العلاقات الإنسانية		
اتخاذ القرارات الإدارية		
العقود التجارية		
أعداد الموازنات التخطيطية		
إدارة التفاوض		

أي من العوامل أدناه أكثر تأثيرا على قرارك لاختيار الدورة التدريبية ؟

- ☐ أهداف البرنامج التدريبي
- ☐ الموقع
- ☐ المدرب / المركز التدريبي
- ☐ مدة الدورة (حدد المدة.............)
- ☐ منح تقييم رسمي للمتدرب

وتستدعي الضرورة الإشارة مرة أخرى إلى انه لا يمكن اعتماد نموذج واحد على جميع المنشآت، فجدول الدورات التدريبية أعلاه يمكن أن يختلف كليا من حيث مواضيع الدورات وحسب حاجة المنشأة التي يجري فيهل المسح، كما يمكن أن تضاف مواضيع دورات متخصصة مثل "مهارات البيع" أو "مهارات التعامل مع الزبائن" في إحدى المنشآت، في حين لا حاجة لمثل هذه الدورات في منشآت أخرى.

بعد ملء النماذج من قبل العاملين في المنشأة وتبويبها تبدأ نماذج المسح بإعطاء النتائج. فالنتائج التي يمكن أن تتمخض عن إفراغ بيانات جدول "الدورات التدريبية" أعلاه، يكون على سبيل المثال بالشكل الآتي :

خلاصة الحاجات التدريبية للمنشأة:

موضوع الدورة	أساسية	متقدمة
المهارات الإدارية	2	4
تقييم كفاءة أداء المنشأة	0	2
التخطيط الستراتيجي للمنظمة	4	2
إدارة التسويق	5	2
إدارة الإنتاج	2	1
إدارة المشتريات	0	2
الحسابات	7	1
إدارة الموارد البشرية	3	3
إدارة الخدمات	3	0
العلاقات الإنسانية	4	2
اتخاذ القرارات الإدارية	4	4
العقود التجارية	2	1
إعداد الموازنات التخطيطية	3	2
إدارة التفاوض	0	4

5- فريق العمل:

تعتمد هذه الطريقة على تشكيل مجموعة أفراد تأخذ على عاتقها تحديد الدورات المطلوبة للعاملين، وتضم في عضويتها بعض الاختصاصيين ومسؤولي التدريب كما يمكن أن تضم أيضا بعض المدراء. يمكن أن يعمل فريق العمل هذا على وضع تفاصيل الاحتياجات التدريبية.

الطريقة الأمثل:

قد يقف اختصاصي التدريب حائرا مترددا أمام الطرق المختلفة لتحديد حاجات العاملين التدريبية، فما هي الطريقة الأفضل التي يتبعها ؟

في واقع الأمر، لا توجد طريقة من هذه الطرق يمكن أن تسمى الطريقة الأمثل فلكل منشأة وظروفها، كما أن لكل اختصاصي تدريب إمكانياته وخبراته وكذلك الوسائل المتاحة. فالتباين بين هذه العوامل وتباين الظروف الموضوعية بين منشأة وأخرى والتباين بين اختصاصي وآخر تجعل الأمر يميل إلى اختيار ما هو مناسب من هذه الطرق للحالة التي هي أمام اختصاصي التدريب. وقد يكون من المفيد في بعض الحالات الجمع بين أكثر من طريقة لنفس الحالة، فيكون إتباع طريقة ثانية مثلا بمثابة تعزيز للطريقة الأولى وليس بديلا عنها.

إن طريقة "المسح" قد تستحوذ على انتباه القارئ والباحث أكثر من الطرق الأخرى كونها تتبع أسلوبا أكثر منظما في عملية جمع وتبويب وتحليل البيانات إضافة إلى إنها تمتاز بتوثيق هذه البيانات أكثر من الطرق الأخرى. إلا أنها بالمقابل طريقة تحتاج إلى جهد كبير وقد تستغرق وقتا ليس بالقصير لإنجازها. لهذا يميل عدد كبير من اختصاصيي التدريب اللجوء إلى الطرق الأخرى معتبرين إن إجراء مقابلات مع المدراء والمشرفين وكذلك مع العاملين بشكل خاص ما يعوض عن الأخذ بطريقة المسح.

إن الدقة المطلوبة في تحديد حاجات التدريب مسألة تشغل بال البعض أيضا، فما هي الدقة المطلوبة في عملية التحديد ؟ هل المطلوب هو الوصول بنتائج أشبه ما تكون في دقتها بخياطة ثوب تتناسب مقاساته مع مقاسات الجسم تماما ؟ إن الإجابة على هذا السؤال قد يعتمد إلى حد كبير على مدى سعة "الفجوة " الموجودة بين الأداء الفعلي

للعاملين وبين مستوى الأداء المستهدف. فكلما كان البون شاسعا بين هذين المستويين لأغلب العاملين، كان من اليسر التساهل في درجة دقة البيانات المطلوبة عن الاحتياجات. وبالمقابل، كلما كانت "الفجوة " ضيقة أو شبه معدومة ازدادت الحاجة للدقة لحصر هذه الاحتياجات نوعا وكما. ففي الحالة الأولى يكون التدريب للعاملين مفيدا بأنواعه فهناك مساحة عريضة للحاجة، في حين إن مساحة الحاجة ضيقة في الحالة الثانية.

سبق وأن أشرنا إلى وجود جهتين رئيسيتين تهتمان بالتدريب هما أقسام التدريب بالمنشآت ومراكز التدريب التي تعمل ككيانات مستقلة تنظم وتدير الدورات العامة التي يحضرها مشاركون من منشآت مختلفة، كما تنظم وتدير دورات خاصة لصالح منشأة ما وبناء على طلبها بأسلوب التعاقد. تحظى مهمة تحديد الاحتياجات التدريبية باهتمام الجهتين وإن اختلفت الأساليب المتبعة من قبلهما. ففي حين نجد أن أقسام التدريب في العادة تجد كل خيارات الطرق مفتوحة أمامها من حيث المبدأ، تجد مراكز التدريب إنه من العسير عليها إجراء مسوحات ميدانية لجميع المنشآت كي تحصر حاجات التدريب. فنطاق حجم المهمة واسع ومكلف، وغير مجدي اقتصاديا القيام به.

وللتغلب على هذه العقبة تعوض مراكز التدريب عن المسح بالتركيز على الطرق الأخرى وتعطي اهتماما خاصا لمسألتين. تعير المراكز عناية فائقة للاتجاهات الاقتصادية العامة في القطر لتحديد معالم التأثير على البنية الإدارية واحتياجاتها التدريبية في الظرف الآني والمستقبل القريب ثم تعمل على ترجمة ذلك إلى دورات وندوات تدريبية، هذا أولا. كما تعير اهتماما متميزا للالتقاء بالعاملين من مختلف المنشآت، وتنتهز فرصة تقييم الدورات التدريبية في نهاية كل دورة للحديث عن منظور المشاركين بالدورة للحاجات التدريبية الآنية والمستقبلية، وترجمة ذلك إلى برامج تدريب، ثانيا.

الفصل الثالث
خطة التدريب

الفصل الثالث
خطة التدريب

مبادئ التخطيط

تعتبر مرحلة تحديد حاجات العاملين التدريبية المرحلة الأولى في عملية تخطيط التدريب، حيث بعد إتمامها يتم الانتقال إلى مرحلة أخرى من تخطيط التدريب وهي وضع الأهداف العامة، وتحديد الأهداف الخاصة، ووضع السياسات، وبرامج الخطة. وتستمر حلقات التدريب هكذا وصولا إلى مستوى الدورة بل ومستوى الجلسة التدريبية الواحدة أيضا. إلا انه قبل الخوض في تفاصيل الخطط وما تتضمنه من أهداف وسياسات وبرامج لابد من إن نشير، ولو بشكل موجز، إلى بعض المبادئ الأساسية في التخطيط..

يقتضي إن تخضع الخطط بشكل عام – ومنها خطط التدريب – إلى مبادئ عامة تنظم العملية التخطيطية وتصون هيكليتها وسلامتها، وهذه المبادئ بإيجاز هي:

1- وضوح الأهداف: وهو أن تمتلك الخطة أهدافا واضحة، وسنتناول هذه الفقرة بشيء من التفصيل ضمن هذا الفصل من الكتاب.

2- وحدة الخطة: أن خطة التدريب هي وحدة متكاملة من حيث المراحل، ومتكاملة من حيث توزيع الأدوار فيه. فلا يمكن التصرف وكأن البرامج والفعاليات التدريبية هي منفصلة عن بعضها البعض ومن دون رابط يجمع بينهم.

3- الاستمرارية: إن العملية التخطيطية لا ينبغي أن تكون حالة مؤقتة، فهي شيء دائم مستمر. فالخطة السنوية للتدريب تتضمن أهدافا مرحلية فصلية أو شهرية، وتتابع تحقيق الأهداف يوصلنا في نهاية السنة إلى وضع خطة للعام الذي يلي، وهكذا.

4- المرونة: ونعني بها قدرة الخطة على مواجهة حالات متغيرة أو طارئة من دون التأثير على بنيتها وتنفيذها, فالخطة المرنة تستطيع أن تحتوي الحالات الطارئة وتتكيف لها بحدود. فلو أن ظرفا ما استوجب إطالة مدة إحدى الدورات لمدة أسبوع وكذلك إضافة دورة لم تكن مدرجة في اصل الفعاليات،

43

فالخطة المرنة تستطيع أن تحافظ على تماسكها وهيكليتها باحتواء هذه المتغيرات من دون تقويض الخطة ومن دون التأثير على نوعية الأداء في تنفيذ الفعاليات الأخرى.

5- الدقة والواقعية : إن الخطة تتعامل مع المستقبل الذي غالبا ما يكتنفه الغموض، لذا ينبغي بالخطة أن تكون على قدر كبير من الدقة في رؤيتها للمستقبل واحتمالاته، وان تكون على قدر كبير من الواقعية في التعامل مع عوامل المستقبل. فمفردات خطة التدريب عند صياغتها مثلا يجب أن تتسم بالواقعية، بمعنى أن تكون قابلة للتطبيق، وان يستفيد المتدربون منها حقا في تطوير قابلياتهم.

6- الاعتدال: ويقصد به عدم المبالغة في وضع الأهداف الطموحة، والموازنة في ذلك بين الطموح والإمكانيات. فالأهداف العالية جدا في الطموح قد تخلق إحباطا لدى العاملين، كما أن الأهداف المتواضعة جدا تبعث على التداعي وخلق حالة من الترهل في العمل لدى العاملين.

7- الإلزام: ترسم الخطط في العادة مسارات التنفيذ للنشاط المعني، ويجب أن ينظر إلى الخطة حال إقرارها على أنها واجبة التنفيذ من قبل الجميع وليس شيء يمكن أن يؤخذ أو لا يؤخذ به. فكافة الأقسام والأفراد ملزمون بتنفيذ الخطة وأساليب تنفيذها.

أهداف الخطة

ويراد من التخطيط تهيئة وتعبئة الموارد المتاحة باتجاه تحقيق الأهداف المتفق عليها للتدريب. أما الأهداف فهي النتائج التي نسعى إلى تحقيقها خلال فترة زمنية محددة، كأن تكون لسنة أو شهر مثلا، أو النتائج التي نسعى إلى تحقيقها من خلال القيام بفعالية محددة. ولذلك فإن الأهداف في واقع الأمر هي روح وجوهر النشاط الإنساني، فمن دونها يتحول النشاط (كل نشاط) إلى نوع من العشوائية والعبثية تؤدي إلى هدر وضياع الموارد، وإن تحققت بعض النتائج فهي حتما دون مستوى الموارد المتاحة.

ولما كان للأهداف مثل هذه الأهمية ينبغي على واضعي الخطة إعطاء عناية خاصة لصياغة الأهداف مراعين أن تكون:

1- واضحة وواقعية شأنها في ذلك شأن جميع مفردات الخطة كما ذكرنا في السطور أعلاه. إن عدم الوضوح واللاواقعية في الأهداف تؤدي إلى إجهاض الخطة , ودفع الجهود بمسارات لا تؤدي إلى تطوير العاملين بالشكل المطلوب.

2- محددة وقابلة للقياس، فكلما كانت الأهداف مصاغة بشكل كمي (رقمي) أو بشكل محدد يمكن قياسه، يسهل توجيه النشاط نحو المسارات الصحيحة لتحقيق الأهداف. أما إذا جاءت صياغة الأهداف بشكل تطغى عليه العمومية، يتعذر قياسها فإنها حينئذ تكون أقرب للشعارات الفضفاضة منها إلى أهداف عمل. ولأجل توضيح هذا الجانب المهم في صياغة الهدف، لاحظ أدناه صياغات ثلاثة لنفس الهدف :

- تطوير قابليات العاملين في المنشأة خلال العام القادم
- تدريب العاملين على مهارات إدارة الوقت خلال العام القادم
- تدريب 15 شخصا على مهارات إدارة الوقت في آذار من العام القادم

جاءت الصيغة الأولى تشير إلى نية تطوير العاملين من دون الإشارة إلى مجال التدريب وموضوعه، ومن دون تحديد لعدد الأشخاص المراد تدريبهم. وبهذه الصيغة يمكن أن يصبح على رأس الخطة هدف هو أقرب إلى الشعار الدائم الذي يمكن أن يرفع مع كل السنوات. أما الصيغة الثانية فهي أكثر تحديدا من الصيغة الأولى حيث حددت مجال التدريب (إدارة الوقت) والمهارة المطلوبة (مهارة التعامل). أما الصيغة الثالثة فقد أضافت تحديدا آخرا وهو عدد الأشخاص (15) المراد تدريبهم وميعاد التدريب، وهو ما أغفلته الصيغتان السابقتان.

عند العمل على تنفيذ الخطة, لا شك أن يجد المرء نفسه أمام وضوح أوفر أمام الصيغة الثالثة للهدف. كما انه عند الانتهاء من تنفيذ الخطة يجد المرء نفسه مرة أخرى

أمام حالة من الوضوح في تقييم النتائج، هل حققت الخطة هدفها ؟ فالصيغة المحددة والقابلة للقياس وكما معبر عنها في المثال الثالث أعلاه هي أكثر ملائمة لعملية التقييم.

وفقرة أخرى تجدر الإشارة إليها في موضوع "الأهداف" هي ضرورة عدم التقيد بوجود هدف واحد للخطة، إذ يمكن أن يكون للخطة مجموعة أهداف تعمل على تحقيقها. فقد يكون لخطة التدريب هدف رئيسي أو محوري (عدد المتدربين خلال العام) تشتق منه بضعة أهداف فرعية أو مرحلية،مثال: عدد المتدربين لكل دورة / عدد المتدربين لكل شهر أو فصل.

السياسات والبرامج

تعتبر السياسات من أركان الخطة، ويقصد بها مجموعة الضوابط التي تحكم عملية تنفيذ الخطة. فهي في الواقع العملي أدلة إرشادية لمنفذي الخطة، سواء كانت خطة تدريب أو خطة إنتاج أو تسويق أو مشتريات أو أي خطة أخرى. فالقائمون على تنفيذ خطة التدريب يواجهون مواقف تجعلهم أمام مفترق طرق أو أمام بدائل لاتخاذ القرار الواحد مما قد يجعلهم يحتارون أو يترددون في اتخاذ القرار، ومن أمثلة ذلك : هل يكون التدريب خلال ساعات الدوام أو بعده ؟ هل تنفذ الدورات التدريبية من قبل المنشأة بشكل مباشر أو بالاستعانة بمراكز التدريب المتخصصة ؟ هل يكرم المتدرب المتميز بالدورة أم لا ؟ هذا إضافة على تساؤلات عديدة أخرى يواجهها منفذو خطة التدريب تبرز أثناء التنفيذ. وفي حالة تعذر الإجابة على هذه التساؤلات، يضطر فيه المنفذ الرجوع إلى مسؤولة المباشر أو سلسلة مراجعه للبحث عن الإجابة الصحيحة. أن عدم وجود سياسات عمل أو عدم وضوحها مسألة تعرقل التنفيذ وهذه العرقلة تتجسد في البطء بالتنفيذ لاستجلاء رأي المرجع الإداري الأعلى، أو بتفويت وضياع الفرص بسبب الانتظار.

أن وجود سياسات العمل (أو كما يحلو للبعض تسميتها بسياقات العمل) مسألة ضرورية للخطة فهي تؤمن الضوابط للمسارات الصحيحة لتنفيذها أولا، وتحول دون بطء أو عرقلة التنفيذ ثانيا. ولأهمية السياسات ينبغي أن يحرص على جعلها أن تكون مدونة وتعتبر جزء من المكونات الأساسية للخطة وليسهل الرجوع إليها عند الحاجة. ويعاد النظر بسياسات العمل حسب مقتضيات العمل، فلكل خطة السياسات الخاصة بها.

تعتبر "برامج العمل" المكون الأساسي لكل خطة فهي مجموعة الفعاليات التي يقود إنجازها إلى تحقيق أهداف الخطة. وعدد هذه الفعاليات قد يكون واحد أو أكثر، ولكل فعالية تاريخ يحدد مباشرة التنفيذ وتاريخ آخر يحدد الانتهاء من التنفيذ، ويثبت هذين التاريخين بجداول ومخططات الخطة. كما أن لكل فعالية تاريخ آخر هو تاريخ المباشرة بالتحضير والتهيئة للتنفيذ، فهذا التاريخ يمكن أن يسبق تاريخ التنفيذ بأيام أو أسابيع. ولاشك أن أهمية إدراج هذه التوقيتات ببرامج الخطة هو لضمان التنفيذ بالأوقات المحددة ولتلافي الانحرافات.

ويراعى في تصميم البرامج (الفعاليات) التنسيق فيما بينها بالتوقيت من عدة وجوه. فيراعى أولا عدم تركز البرامج في شهر أو فصل معين مما قد تخلق فيه ضغوطا لا مبرر لها على حسن التنفيذ ؛ وثانيا إعطاء مراعاة أولوية حاجات المنشأة في تنفيذ تسلسل تنفيذ البرامج، فهناك حاجات اعتيادية وهناك حاجات ملحة ساخنة ؛ وثالثا مراعاة التسلسل الموضوعي للبرامج حيث قد تقتضي- طبيعة بعض البرامج أن تسبق أحدهما الأخرى في التنفيذ من الناحية الموضوعية فان أريد إشراك مجموعة من الأشخاص بدورتين تدريبيتين في نفس الموضوع خلال نفس العام أحدهما أساسية والأخرى متقدمة، فمن المنطقي أن يكون موعد تنفيذ الدورة الأساسية سابقا لموعد الدورة المتقدمة.

وينبغي أن يبين في البرنامج وإزاء كل فعالية أسم الشخص أو أسم الجهة التي يقع على عاتقها التنفيذ كي يتدبر نفسه للتحضير والتهيئة للتنفيذ قبل مدة مناسبة من دون حصول تأخير في المواعيد.

نماذج عملية

تعمل الجهات التدريبية (أقسام التدريب في المنشآت ومراكز التدريب) على وضع خططها للتدريب كل من موقعه، وكذلك تحديد أهداف هذه الخطط كل من منظوره وتطلعاته. ولأجل إعطاء صورة عملية للقارئ وتعميقا للفائدة لديه نورد أدناه نماذج من أهداف خطط التدريب وكذلك سياسات العمل وبرامج التنفيذ. ولما كان هناك بعض التباين في طبيعة العمل في مراكز التدريب عما هو عليه الأمر في أقسام التدريب بسب

الاختلاف بالموقع والدور والمسؤولية، فإننا سنحاول أن نورد الأمثلة من كل جانب حيثما أمكن ذلك. ولابد من التشديد هنا من أن هذه النماذج هي افتراضية لغرض التوضيح.

(1) نموذج من منشأة

الأهداف:

تنطلق أهداف التدريب في المنشأة من واقع الحاجات التدريبية التي سبق وان تم الوصل إليها. فلو افترضنا مثلا أن واقع الحاجات هو كما معبر عنه في الجدول (4) من الفصل الثاني (تحديد الحاجات التدريبية)، فمن الممكن أن تصاغ أهداف المنشأة خلال العام في مجال تطوير العاملين كالآتي:

أولا: توفير (179) فرصة تدريب، منها (96) فرصة تدريب أساسي و (83) فرصة تدريب متقدم وحسب الاختصاص.

ثانيا: تنظيم برنامج تعريفي بالمنشأة وأهدافها وتشكيلاتها التنظيمية لعدد من الأشخاص (8 – 10) يتوقع تعيينهم خلال العام.

ثالثا: جمع معلومات عن المراكز المتخصصة بالتدريب الإداري في القطر سواء كانت عامة أو قطاعية، وتقييمها لأجل التعاقد مع بعضها.

السياسات:

أولا: الاستعانة من حيث المبدأ بمراكز التدريب المتخصصة في القطر لتلبية حاجات العاملين التدريبية في المنشأة.

ثانيا: يراعى ألا تتجاوز مدد التدريب التي يشارك فيها عن الأسبوعين.

ثالثا: تنظم دورتي "المهارات الإدارية"" وكذلك دورتي "الحسابات" الأساسية والمتقدمة بالتعاقد مع أحد مراكز التدريب بأسلوب الدورة الخاصة بمنتسبي المنشأة.

رابعا: يراعى تجنب تنفيذ التدريب في فترات ذروات العمل حسب التخصصات.

خامسا: تنظم دورتي "استخدام تقنيات جديدة في خطوط الإنتاج" بأسلوب التدريب في موقع العمل، داخل المنشأة وبالتنسيق مع قسم الإنتاج.

سادسا: تقدم هدايا عينية من إدارة المنشأة للمتفوقين في الدورات.

سابعا: تقدم الرعاية اللازمة للذين يعينون (8 – 12 شخصا) في بداية التحاقهم بالمنشأة خلال العام ويقدم لهم برنامج تعريفي عن المنشأة وأهدافها وتشكيلاتها التنظيمية واهم تعليمات العمل فيها.

تعقيب : يمكن للقارئ أن يلاحظ الترابط الموجود بين الأهداف والسياسات، فهي وضعت (السياسات) خصيصا للتعامل مع أهداف وخطة هذا العام (وان كان بالإمكان الأخذ ببعض هذه السياسات لأعوام أخرى مثل الفقرتين (رابعا وسادسا).

البـرامج

أولا: فعالية مسح مراكز التدريب في القطر، وتنفذ خلال المدة من 1/1 لغاية 3/31 من العام ويتولى تنفيذها الموظف (س).

ثانيا: دورة التدريب الموقعي. وهي دورتي "استخدام تقنيات جديدة في خطوط الإنتاج"، تنفذ الأولى على خلال الأسبوع الأول من آذار، وتنفذ الثانية خلال الأسبوع الأول من نيسان. ويقوم الموظف (ص) بهذه المهمة، وبالتنسيق مع قسم الإنتاج.

ثالثا: دورات يتعاقد عليها، وهي دورة "الحسابات" ودورة "المهارات الإدارية" وتنفذان في شهر أيلول للأساسية لكل منهما، في حين تنفذ الدورتين المتقدمتين في تشرين أول. يقوم الموظف (ص) بهذه المهمة.

رابعا: تأمين فرص تدريبية لدى مراكز التدريب. يباشر قبل بداية العام أو في مطلعه الاطلاع على برامج التدريب السنوية المعلنة لبرامج مراكز التدريب كي يستفاد منها لبرمجة ترشيحات المنشأة حسب أسماء العاملين المرشحين للتدريب. ويقوم (س) و (ص) بالتعاون مع رئيس القسم لتنفيذ هذه المهمة,

(2)
من مركز
الأهداف:

مخطط الفعاليات التدريبية للمنشأة												
الفعالية	كانون 2	شباط	آذار	نيسان	أيار	حزيران	تموز	آب	أيلول	تشرين 1	تشرين 2	كانون 1
مسح واقع مراكز التدريب	●●●●	●●●●	●●●●									
دورة التدريب الموقعي			●	●								
الحسابات / أساسية									●			
الحسابات / متقدمة										●		
المهارات / أساسية									●			
المهارات / متقدمة										●		
ملاحظة	تضاف لاحقا إلى هذا المخطط الترشيحات للدورات المقامة لدى مراكز التدريب											

نموذج
تدريب

(2) نموذج من مركز تدريب

الأهداف:

يتكون العنصر الرئيسي لخطة التدريب في المراكز من مجموعة دورات تدريبية يتوصل مركز التدريب بأساليبه إلى أنها تلبي الحاجات التدريبية لـدى المنشآت لعـام الخطـة، كـما يسـعى مركـز التدريب من خلال التعاقد مع بعض المنشآت لتنظيم وإقامة دورات خاصة بالعاملين لعـدد مـن المنشآت خلال العام. ويمكن ان تتضمن خطة التدريب فعاليات أخرى تخدم العملية التدريبية أيضا. وعليه يمكن ان تكون الصياغات الآتية نموذجاً لأهداف مركز تدريب:

أولا: تدريب (800) شخص خلال العام.

ثانيا: إقامة (24) دورة عامة مفتوحة لجميع المنشآت خلال العام، أمد كل دورة أسبوع.

ثالثا: التعاقد مع بعض المنشآت لتنظيم (15) دورة، وكل دورة خاصة بمنتسبي المنشأة التـي يتم التعاقد معها، وتحدد مدة كل دورة بموجب العقد.

رابعا: توسيع نطاق السوق (عدد المنشآت التي تعلم بدورات المركز) وذلك بإضافة المنشآت المبينة بالملحق إلى قوائم الزبائن.

خامسا: تطوير مكتبة أساليب التدريب في المركز:

➤ شراء ثلاثة أفلام تدريبية.

➤ إعداد تمرين جديد من تمارين المحاكاة لدورات التفاوض.

➤ إعداد رزمتين تدريبيتين (في المهارات الإدارية والاعتمادات المستندية).

السياسات:

أولا: عقد الدورات في أماكن مريحة وجذابة كقاعات فنادق الدرجة الأولى.

ثانيا: العمل على ان تكون مدد الدورات أسبوعا واحدا، مع مراعاة الحـالات الاستثنائية عنـد الضرورة.

ثالثا: اعتماد الجوانب العملية في تنفيذ الجلسات التدريبية، كالتمارين بأنواعها والحالات الدراسية.

رابعا: إعطاء عناية خاصة لانتقاء المحاضرين / المدربين من أصحاب المقدرة العالية العلمية والتدريبية.

خامسا: يراعى ان تكون المواد المقدمة للمتدربين حديثة وقابلة للتطبيق.

سادسا: توفير المواد المطبوعة (الملازم) للمتدربين.

سابعا: يراعى سنويا تخصيص 2 - 3 دورات لتلبية احتياجات الإدارات العليا.

ثامنا: منح رسوم اشتراك تشجيعية للمنشآت التي ترشح شخصين فأكثر لنفس الدورة.

تاسعا: تجنب عقد الدورات في فترات ذروات العمل وحسب تخصص موضوعاتها، مثل تجنب إقامة دورة حسابات في شهر كانون الثاني وكانون الأول أو دورات إدارة المواد ودورات المخازن في نهاية العام.

عاشرا: توفير هدية تذكارية لكل متدرب تحمل أسم مركز التدريب.

تعقيب: يلاحظ في سياسات العمل أعلاه أنها غطت مختلف جوانب العمل فهي تناولت أماكن عقد الدورات (الفنادق والأماكن الجذابة)، مددها (أسبوع)، مواد وأساليب التدريب (توفير ملازم تدريبية للمتدربين)، اختيار المدربين، خصم رسوم الاشتراك، الترويج، وكذلك مخاطبة بعض الشرائح الإدارية.

مخطط الفعاليات التدريبية للمركز												
الفعالية	كانون 2	شباط	آذار	نيسان	أيار	حزيران	تموز	آب	أيلول	تشرين 1	تشرين 2	كانون 1
المهارات الإدارية						●						
تقييم كفاءة أداء المنشأة	●											
التخطيط الستراتيجي للمنظمة									●			
إدارة التسويق		●										
إدارة الإنتاج			●									
إدارة المواد				●								
الحسابات					●							
إدارة الموارد البشرية						●						
السيطرة على الخزين		●										
العلاقات الإنسانية												●
اتخاذ القرارات الإدارية								●				
العقود التجارية				●								
إعداد الموازنات التخطيطية										●		
إدارة التفاوض			●								●	
مهارات التعامل مع المراجعين							●					
الاعتمادات المستندية					●				●			
العقود التجارية	●									●		
إدارة الجودة											●	
تقنيات المعلومات			●						●			●

البرامج

تبرمج فعاليات الخطة بعد اطلاع معمق على الأهداف والسياسات، حيث يوضع البرنامج الزمني للتنفيذ مسترشدين بضوابط العمل (السياسات). وبالنسبة لهذا النموذج يمكن أن يكون برنامج التنفيذ بالشكل الآتي:

أولا: تبرمج الدورات العامة البالغ عددها (25) دورة على اشهر السنة، ويحدد لكل دورة شخص مسؤول أو أكثر عن مهمة التهيئة والتحضير والتنفيذ والمتابعة. ولتسهيل عملية متابعة تنفيذ الدورات ينبغي استخدام المخطط الزمني المناسب، كالمخطط الموضح في أعلى هذا النص.

ثانيا: بما ان الخطة تستهدف التوصل إلى إبرام عقود مع عدد من المنشآت عن طريق تقديم العطاءات أو الإقناع والتكليف المباشر للمركز بتنظيم دورات خاصة لهذه المنشآت، ينبغي برمجة هذا التحرك بشقيه الترويجي والإجرائي المتعلق بتنظيم ومتابعة العطاءات. وبعد التوصل إلى تحديد مواعيد هذه الدورات يصار إلى برمجتها وإظهارها على المخطط. وهنا مرة أخرى ينبغي تحديد أسماء الأشخاص المسؤولين عن كل فعالية : الترويج للدورات الخاصة، الجانب الإجرائي، مهمة كل دورة.

ثالثا: فيما يتعلق بالهدف الخاص بفعاليات تطوير "مكتبة" أساليب التدريب، يحدد ميعاد الابتداء والانتهاء من كل فعالية وكلك تسمية الأشخاص الذين يضطلعون بالتنفيذ والمتابعة. وينبغي إظهار ذلك عل المخطط تسهيلا للتنفيذ والإشراف.

ميزانية التدريب

قبل اختتام الفصل الخاص بخطة التدريب لابد من كلمات تقال عن ميزانية الخطة، التي يمكن ان يعبر عنها بأنها الترجمة المالية لخطة التدريب.

هنالك تباين ملموس في مواقف إدارات المنشآت من ميزانية التدريب ومقدار التخصيصات التي يمكن رصدها لتنفيذ نشاط التدريب وتطوير العاملين. فهناك إدارات تعطي هذا النشاط حقه من التخصيصات المالية، وهناك أيضا إدارات من ينظر إلى التدريب بأنه ضرب من الترف في المصروفات، وهناك من يجعل ميزانية التدريب الضحية الأولى عند دواعي الحد من الإنفاق والتقشف. وهناك من لا يتردد بوصفها من أنواع التبذير. ولكن بالمقابل توجد إدارات يحظى التدريب لديها بمكانة خاصة. فلا غرابة إن رأينا تباينا في ميزانيات التدريب في المنشآت.

لا شك ان هذا التباين في السخاء أو التقتير على ميزانية التدريب نابع بالأساس من تباين القناعة في دور التدريب بتطوير العاملين بما يساهم بتحقيق درجات أعلى في كفاءة أداء المنشأة. وعليه تباينت الرعاية كما تباين الحجم النسبي للتخصيصات المالية التي توظف لأغراض التدريب، وكذلك تباينت المعايير والأسس التي تعتمد في تقدير هذه التخصيصات، ومن أهم هذه الأسس هي تقدير التخصيصات كنسبة من الآتي:

- محاكاة تخصيصات السنة الماضية.
- أرباح السنة الماضية أو الأرباح المتوقعة.
- المبيعات المخمنة.
- مجموع رواتب العاملين (ولعلها أكثر الطرق انتشارا).

لا شك ان العديد من المنشآت التي تعمل بأحد الأسس أعلاه تجد حالها على ما يرام على ما هي عليه، وتجد في الطريقة التي تتبعها طريقة عملية. وفي الحقيقة انه لا عيب في إتباع إي من الأسس أعلاه في احتساب تخصيصات التدريب، بل العيب هو عدم اعتماد إي طريقة وترك الأمر ليكون عشوائيا.

من الطرق الأخرى التي يمكن اعتمادها في تقدير ميزانية التدريب هي المبنية على تقديرات االحاجات التدريبية وأهداف التدريب. فإذا ما حددت احتياجات التدريب بشكل

منهجي وواضح كان بالإمكان إقناع الإدارة العليا بالتخصيصات المطلوبة وذلك لسد "فجوات الأداء" لدى العاملين. ويمكن إن تعزز هذه المطالبة أكثر بتقديم كشف تحليلي مستنبط مـن واقـع المنشـأة يبين حجم التكاليف أو الخسائرالناجمة عن تدني مسـتوى أداء العـاملين. كـما يجـب الا يغيـب عـن البال بأن بعض الحـالات والأعـراض قـد لا تشـير للوهلـة الأولى إلى حاجـات تدريبيـة مبـاشرة مثـل: انخفاض مستوى الأداء على مستوى عموم المنشـأة أو عـلى مسـتوى بعـض الأقسـام مثـل الإنتـاج أو المشتريات أو النوعية أو وجود زيادة في إصابات العمل، أو وجـود درجـة عاليـة في دوران العمـل. ان تقديم مثل هذا الكشف الذي يقدم خسائر تدني الأداء، يكون أكثر إقناعا ان تضمن كشفا بالوفورات المخمنة بعد تحسين أداء العاملين بالتدريب.

ومع كل هذا قد يواجه اختصاصي التدريب صعوبة بالغة في انتزاع موافقة الإدارة العليـا عـلى التخصيصات المطلوبة أما بسبب ضعف القناعات أو بسبب ظروف موضـوعية تتطلـب مـن الإدارة الحد من الإنفاق بشكل عام. في مثل هذا الحال بإمكان اختصاصي التـدريب ان يعـرض عـلى الإدارة أولويات الحاجات التدريبية في المنشأة وفقا للأولويات، وعلى النحو الآتي:

➢ فجوات **يجب** تداركها.

➢ فجوات **ينبغي** تداركها.

➢ فجوات **يستحسن** تداركها.

الفصل الرابع
أساليب التدريب

الفصل الرابع
أساليب التدريب

مبادئ تدريب الكبار

عند التعامل مع المتدربين أثناء الدورات لابد من التذكر إن قواعد المخاطبة بالضرورة تختلف عما خبرناه في المراحل الدراسية الأولى من حياتنا. ففي قاعة التدريب أشخاص ناضجون ويشغلون وظائف وقد تكون بعض هذه الوظائف ذات درجات مميزة، كما إن بعض المتدربين قد يملكون من الخبرة الحياتية والتجربة الوظيفية العملية ما يفوق ما هو لدى المدرب، كما إن أعمار بعضهم قد تتجاوز عمر المدرب. لذلك ينبغي عند مخاطبتهم أو عند اعتماد إحدى الوسائل التدريبية لأغراض التدريب من تذكر حقائق أو مبادئ تدريب الكبار الآتية:

أولا: وجود الدافع الشخصي للتعلم:

تتوفر لدى المشاركين في الدورة دوافع للتعلم وان تباين أثر هذا الدافع من شخص إلى آخر. يتمثل الدافع برغبته الاحتفاظ بوظيفته - كحد أدنى - خصوصا في المجتمعات التي تشح فبها فرص العمل، وقد يتمثل الدافع بالرغبة في إحراز فرص للترقية الوظيفية من خلال التدريب سواء في عمله الحالي أو عند انتقاله إلى عمل جديد حيث ينقل معه مهاراته الشخصية. ولا ينكر إن يكون بعض المشاركين في الدورة غير مخيرين بوجودهم على مقاعد التدريب، إلا إن المفردات الجيدة للتدريب والأسلوب المناسب كفيلان بتحويل سلوك هذه الشريحة من المشاركين إلى سلوك إيجابي تجاه الدورة وتجاه "التعلم" وكم من مرة سمع مؤلف هذا الكتاب تعليقات من مشاركين يعبرون فيه عن مفاجئتهم وفرحتهم أن وجدوا في الدورة ما لم يتوقعوه من فائدة في بادئ الأمر.

ثانيا: الرغبة في إبداء المشورة:

يتوفر لدى الكبار الرغبة للتعرف المسبق على ما سيتعلمونه، وهذا ما يجب مراعاته من قبل هيئة التدريب عند افتتاح الدورة ككل وافتتاح كل جلسة حيث يزيد من

درجة الحماس والتفاعل لديهم. وفي بعض الحالات قد يقترح المتدربون بعض التعديلات على برنامج الدورة لتلبية احتياجاتهم التدريبية. فإن كانت هذه التعديلات تنسجم مع الهدف الأساسي للدورة يفضل الأخذ بها لأن ذلك يزيد من التزامهم تجاه الدورة و"التعلم".

ثالثا: الرغبة في التفاعل مع الأفكار المطروحة:

كما أشرنا آنفا"، يتمتع الكبار بخبرات ومؤهلات تجعلهم يحبون إن يتصدوا لما يقال في الدورة من آراء وأفكار، فقد يتفقون، وقد يتساءلون، وقد ينتقدون، وقد تؤهل خبرات البعض إن يقدم بدائل أو آراء. هم بحاجة إلى التعبير عن وجهات نظرهم، ويستمتعون بذلك وهم يطرحون الأسئلة، ويستمتعون إن يروا إن الموضوعات التي يطرحونها تناقش بجدية.

رابعا: المناقشة في جو من الاحترام:

يريد الكبار وهم يعبرون عن أفكارهم أو وهم يمارسون دورا تدريبيا ألا ينتقص منهم أو من أدائهم. يريدون أن يتمرنوا في جو من الأمان والاحترام، لا يسفه رأيه لا من قبل إدارة الدورة ولا من قبل الزملاء المشاركين بالدورة.

خامسا: التغذية العكسية:

يرغب المشاركون بحدة التعرف على أدائهم في الدورة أو في التمارين التي قد يؤدونها فهم بحاجة إلى تنمية الثقة بالنفس بالمهارات التي اكتسبوها.

سادسا: مقاومة التغيير:

توجد نزعة لدى البعض لمقاومة ورفض الجديد من أساليب العمل والتقنيات مما يثقل ذلك على كاهل المدرب الذي يجد نفسه مضطرا إلى إزالة التحفظات الكامنة في نفوس هؤلاء أولا، قبل إن يستطيع أن يدربهم على ما هو جديد.

سابعا: السعي إلى حل مشاكل خاصة:

قد يجد بعض المشاركين أنفسهم مثقلين بمشاكل عمل يعانون منها داخل منشآتهم، وينتهزون فرصة مشاركتهم بدورة التدريب لطرح هذه المشاكل لغرض التوصل إلى

حلول لها غافلين إن للدورة برنامجها المقرر أولا، وان موضوع اللقاء هو دورة تدريبية وليس مهمة ولقاء استشاري لمعالجة مشكلة إحدى المنشآت على وجه التحديد.

ثامنا: القدرة على الإصغاء:

من الثابت إن قدرة الإنسان على الإصغاء بشكل مستمر لشخص يتحدث أمامه تبدأ بالتنازل تدريجيا، إلى إن يتحول انتباه المستمع عن المتحدث كليا بعد مرور حوالي (20) دقيقة، إلا إذا لجأ المتحدث إلى بعض الأساليب التي تثير اهتمام المصغي وتشده من جديد إلى الحديث.

تاسعا: التـكـرار:

إن الإعادة والتكرار على الشخص تساعد كثيرا على الحفظ أو التذكر.

عاشرا: الممارسـة:

إن قيام الشخص بتطبيق ما يتعلمه بنفسه بالممارسـة العمليـة يسـاعد عـلى التـذكر وترسـيخ المعلومات أو المهارات لديه.

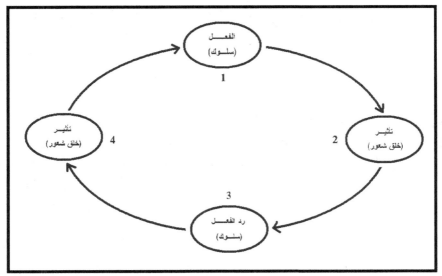

دورة الفعل ورد الفعل
(أسلوب التدريب المناسب يزيد من التفاعل الإيجابي)

لابد للمدرب الناجح من إن يستحضر بذهنه المبادئ أعلاه عند وقوفه أمام مجموعة من المتدربين ليقرر إي من وسائل التدريب يختار في تقديم مادته التدريبية. ولا يفوت المدرب الناجح إن هناك بعدا آخرا لقرار اختيار وسيلة التدريب، وهو طبيعة المادة التدريبية التي يعتزم المدرب تقديمها فمنها ما يناسبها التمرين، ومنها ما قد تناسبها الزيارة الميدانية إلى موقع محدد. وبضوء هذين العاملين يقرر المدرب اختيار وسيلة التدريب الملائمة. وضمن برنامج الدورة الواحدة يمكن استخدام عددا من وسائل التدريب، فلكل جلسة تدريب، من جلسات الدورة طبيعتها التي تفرض على المدرب تفضيل واختيار ما يراه مناسبا من وسائل، كما لا ضرر من استخدام أكثر من وسيلتين في جلسة التدريب الواحدة كالمحاضرة والتمرين مثلا.

إذا نظرنا إلى الدورة على إنها نوع من الاجتماعات التي تحدث فيها أفعال وردود أفعال (كما موضح في المخطط أعلاه) فلابد من التسليم من أن كلام المتحدث هو نوع من الفعل (1) الذي سيخلق أثره على المتدربين (2) , وهذا التأثير هو لا شك موجه إلى المتدربين حيث يطمح كل مدرب إلى زيادة تفاعلهم معه أولا واستيعابهم للمادة التدريبية ثانيا. والأسلوب التدريبي المناسب هو أداة حيوية يمتلكها المدرب لزيادة عمق التأثير (2) مما ينجم عنه تفاعل أعلى من قبل المتدربين (3) معبر عنه بالمتابعة الكاملة لمسار الجلسة والمشاركة بالتمارين والمناقشات أو طرح الأسئلة التي تترك أثرها بدورها على المحاضر (4) الذي يبدأ بالتعامل مع الموقف الجديد بمزيد من التفاعل، وهكذا تستمر دورة التفاعل الإيجابي بفضل الاختيار المناسب لأسلوب التدريب.

أساليب التدريب
أولا: المحاضرة
المحاضرة هي الوسيلة الأكثر شهرة إطلاقا من بين الوسائل الأخرى فقد عرفها الجميع بشكل مبكر في حياتهم، فمن منا لم يستمع إلى محاضرة ! تستخدم المحاضرة في المواضيع التمهيدية والمتقدمة على حد سواء،وكذلك في إعطاء الخلفيات التاريخية للمواضيع. ولأجل ان تكون المحاضرة ناجحة وذات فاعلية في الجلسة التدريبية، ينبغي عل المدرب مراعاة الآتي:

- الاستهلال بتوضيح هدف المحاضرة للمستمعين (المتدربين).

- أن يعد المحاضر لنفسه خطة لتقديم المحاضرة تبين له تسلسل الفقرات والوقت المخصص لكل فقرة، كذلك تبين له أين ومتى يستخدم وسائل الإيضاح.

- توضيح الهيكل العام للمحاضرة وذلك بتبيان فقراتها الأساسية كأن تكتب هذه الفقرات على السبورة في بداية المحاضرة. وعند الانتهاء من كل فقرة أساسية يشير المحاضر إلى ذلك ويؤشر الفقرة التي انتهى منها للتو. إن هذه الطريقة تساعد المتدربين كثيرا على متابعة فقرات المحاضرة بتسلسلها الموضوعي ويواكبون المحاضر بالتفاصيل من دون ضياع.

- إن يقوم المحاضر بتوزيع بصره على كافة المتدربين، أو على الأقل على كافة جهات الجالسين. كلنا شاهد بعض المحاضرين وهم يركزون أو يحصرون مخاطبتهم على شخص ما أو على جهة ما طيلة مدة المحاضرة غافلين ان هناك آخرون يستمعون للمحاضرة. إن تركيز النظر على شخص أو جهة ما أثناء المحاضرة قد يؤدي إلى إحراج هذا الشخص من جهة والفقدان التدريجي لاهتمام الآخرين بالمحاضرة.

- تجنب الرتابة في الحديث، فالتكلم بنبرة واحدة وبرتابة على طول مدة المحاضرة يبعث على الملل، ولا غرابة ان يغلب النعاس على البعض. لذا من الضروري على المحاضر ان يغير من درجة صوته ونبرته من حين لآخر خصوصا للفقرات التي يشعر إنها يجب ان تحظى باهتمام عالي من الحضور.

- تجنب الجلوس المستمر أثناء المحاضرة. يقع البعض من المحاضرين في خطأ الجلوس طول وقت المحاضرة. لا بأس من الجلوس لبعض الوقت الا ان الجلوس المستمر هو نوع من أنواع الرتابة غير المستحبة. يفضل بالمحاضر الحركة والتنقل أمام الحضور على الأقل من حين لآخر. كما يجب عدم الوقوف في نهاية القاعة خلف الحضور، كما يحلو ذلك للبعض.

- يفضل استخدام بعض وسائل الإيضاح أثناء المحاضرة كالسبورة والعاكس (الأوفرهيد بروجكتور أو الحاسبة الإلكترونية أو غيرهما) إذ يحقق ذلك فائدتين، أولاهما تتعلق التوضيح والتبيان وثانيتهما تصب في كسر الملل والرتابة.

- السماح بطرح الأسئلة والتعليقات من قبل المتدربين. ويوجد قسم من المحاضرين من لا يحبذ تلقي الأسئلة إلا بعد الانتهاء من تقديم المادة حيث في هذه الحالة يجب تخصيص وقت لذلك. ويوجد نوع آخر من المحاضرين من يسمح (بل ويشجع) الأسئلة والمداخلات أثناء عرض المادة، وفي هذه الحالة يفترض بالمحاضر أن يمارس قدرا جيدا من السيطرة على الوقت وعلى مسار المناقشات للحيلولة دون الخروج عن موضوع المحاضرة. وعند المفاضلة بين الأسلوبين يمكن القول ان أسلوب الأسئلة المصاحبة لعرض وتقديم المادة هو أكثر ملائمة للدورات التدريبية التي تتطلب طبيعتها تشجيع المناقشات وتبادل الأفكار حيث يخشى أثناء الإصغاء الطويل للعرض من آفة الرتابة، ثم فقدان انتباه الحضور وفقدان التفاعل بين المحاضر والمتدربين، في حين يتسم الأسلوب الآخر بالرسمية والذي غالبا من يناسب الندوات العلمية التي تستعرض وتناقش عددا من البحوث.
- عند الانتهاء من المحاضرة ينبغي على المحاضر إعطاء خلاصة موجزة عن المحاضرة بجمل معدودة، ويربط ذلك بهدف المحاضرة الذي أشار إليه في صدر المحاضرة.

ثانيا: المناقشة الموجهة

يقوم المدرب بإعداد مجموعة من الأسئلة مسبقا تغطي الموضوع المراد مناقشته. يقوم المدرب أثناء الجلسة التدريبية بطرح الأسئلة تباعا على الحاضرين، وتناقش إجابة كل سؤال بنوع من الاستفاضة المناسبة. يمكن اعتماد هذه الطريقة كجزء متمم لمحاضرة سواء قدمت في نفس الجلسة التدريبية أو في جلسة سابقة، كما يمكن اعتمادها من قبل بعض المدربين المتمرسين بشكل مستقل وبمعزل عن محاضرة سابقة. ولتوضيح كيفية عمل هذه الطريقة، نفترض إن المدرب بصدد تقديم جلسة تدريبية عن (التسويق) بهذه الطريقة. فيقوم المدرب بإعداد أسئلة متتابعة عن موضوع التسويق مثل : المفهوم والوظائف المتعددة له. ويعد كل سؤال بصيغة تقبل المناقشة مثل (التسويق والمبيعات مفردتان لشيء واحد)، ويطلب المدرب من الحضور الرأي والتعليق، بمعنى هل هذا خطأ

أم صحيح، ولماذا ؟ وهكذا تتابع الأسئلة. ولزيادة الفائدة والمتعة للمتدربين، يراعي المدرب الآتي:

- تهيئة عدد كاف من نسخ الأسئلة كي يصار إلى توزيعها على كافة المتدربين ليسهل عليهم متابعة الأسئلة واستيعابها.

- يكلف المدرب أحد المتدربين بتلاوة السؤال الأول بصوت مسموع للجميع، ثم يبدأ المناقشة عليه من قبل الجميع. وهكذا بعدها ينتقل إلى بقية الأسئلة التي يتلوها المتدربون بالتتابع مما يخلق إحساسا طيبا بالمشاركة لدى الجميع.

- تعطى الأولوية في التعليق عن كل سؤال للشخص الذي قرأه، مع المراعاة الشديدة لعدم إحراجه وذلك بفطنة المدرب الذي يسارع بفتح باب التعليق لكل الحضور,

- يقوم المدرب ببلورة الآراء التي أعقبت كل سؤال ليعتمد ذلك كرأي أو حل أمثل للسؤال.

- عند نهاية الجلسة التدريبية يقدم المدرب خلاصة واستنتاج موجز عن كل المناقشات ويربط ذلك بالهدف الذي أعطي للجلسة عند افتتاحها.

ثالثا: التمرين البسيط

ويقصد بالتمرين البسيط في مجالنا هذا التمرين الاعتيادي التقليدي لتمييزه عن بقية التمارين الأخرى التي سيرد ذكرها لاحقا. يلجأ المدربون إلى التمرين كأسلوب فاعل في التذكر لدى المشاركين في الحالات التي تقتضي التنفيذ والممارسة العملية من قبل المتدرب نفسه. فالتمرين يقدم هذه الفرصة، علاوة على ان مشاركة المتدربين بهذا النوع من النشاط يحقق درجة أعلى من التفاعل في الجلسة التدريبية، ومتعة أعلى لهم.

يستخدم "التمرين" عادة كأسلوب تدريبي معزز للمحاضرة. فهو في العادة يلبي محاضرة تناولت نفس موضوع التمرين. وقد يكون تقديم المحاضرة والتمرين في جلستين متعاقبتين أو في نفس الجلسة الواحدة. وهناك أنواع من التمارين الكبيرة الذي يستغرق أداءه كامل وقت الجلسة أو أكثر، مثل تقديم تمرين في " أعداد الحسابات الختامية " لمنشأة الذي قد يستغرق وقتا طويلا. وهناك أيضا تمارين صغيرة أو قصيرة مثل تدريب

المشاركين على " كيفية صياغة الأهداف" بشكل محدد وقابل للقياس، أو تدريبهم عمليا على كيفية "مطابقة كشف المصرف مع حسابات المنشأة ". يمكن للمدرب ان يستفيد من هذا الأسلوب التدريبي ضمن جلسة محاضرة أحيانا، حيث يتخلل المحاضرة تمرين أو أكثر من التمارين القصيرة. ولتعميق الفائدة من هذا الأسلوب، على المدرب عند التنفيذ مراعاة الآتي:

- إذا قدم التمرين (أو مجموعة تمارين صغيرة) في جلسة مستقلة، يقدم المدرب توضيحا عن الهدف من أداء التمارين والعلاقة مع موضوع المحاضرة التي سبق تقديمها.

- يعد التمرين بشكل مكتوب إذا كان كبيرا أو يتضمن معلومات دقيقة كالأرقام، ويهيئ بنسخ كافية لغرض توزيعه على المتدربين. كما يمكن الاستفادة من وسائل الإيضاح الأخرى أيضا كالعاكس (الأوفرهيد بروجكتور) ولوح السبورة الورقية في تهيئة المعلومات.

- يقسم المتدربون إلى مجاميع إن كان التمرين يتطلب تعاونا. ويطلب المدرب من كل مجموعة أن تختار منسقا لها يعمل على تنسيق جهود أعضاء المجموعة.

- يقدم المدرب الحل الصحيح للتمرين مع التوضيحات اللازمة.

رابعا: الحالة الدراسية

الحالة الدراسية هي نوع من أنواع التمارين المتقدمة، تقدم فيها معلومات عن مشكلة أو عن موقف يحتاجان إلى تحليل لاتخاذ قرار مناسب. يشيع استخدام هذا الأسلوب التدريبي في مرحلة الدراسات العليا لفروع الإدارة وكذلك في الدورات التدريبية خصوصا المتقدمة منه، لما له من أثر كبير في تطوير المتدربين على التحليل وتشخيص المشكلات واتخاذ القرارات.

تتناول الحالات الدراسية مواقف ذات مواضيع مختلفة، فهي قد تتناول موقفا لشركة ما يحتاج إلى قرارات ستراتيجية لتوسيع أعمال الشركة، وقد تكون قرارات ستراتيجية تتصدى لأزمة قد تعصف بالشركة، وقد تتناول الحالة موقفا يحتاج إلى تحليل لمعالجة حالة مقاومة للتغيير في أحد مفاصل الشركة، أو دراسة مشكلة ذات طابع إنتاجي أو

تسويقي.... وهكذا. وكثير من الحالات الدراسية هي حالات واقعية جابهت شركات عالمية مشهورة، وبعض من هذه الحالات تناولته أجهزة الإعلام على المستوى العالمي بشكل مستفيض ودخلت التاريخ، ومن الحالات الدراسية الأخرى ما هو معد وموضوع لأغراض دراسية وتدريبية إلا أنها مستنبطة من الواقع.

يعتمد أسلوب التدريب في الغالب على تقسيم المتدربين إلى فرق عمل صغيرة يتكون كل فريق من 4 – 6 متدربين. ويقوم كل فريق بدراسة الحالة بشكل مستقل ليتوصل في النهاية إلى التوصيات والحلول المناسبة. وتستجيب الحالات الدراسية كأسلوب تدريبي لحاجات المتدربين في العطاء وإبداء الرأي في القضايا التي تقدم، كما أنها فرصة لهم للتعبير عن خبراتهم وقدراتهم الشخصية. وحيث إن العمل على الحالات الدراسية يكون من خلال مجاميع أو فرق صغيرة من المتدربين يتوصلون فيها إلى الحلول المناسبة بتظافر جهود أعضاء الفريق، فان طبيعة العمل تستلزم تبادل التجارب والخبرات فيما بين أعضاء الفريق الواحد ومع بقية الفرق الأخرى، وهذا في الواقع هو مصدر أساسي من مصادر التعلم. وعلاوة على ما تقدم، فإن أسلوب الحالة الدراسية يفيد المدرب بالتغذية العكسية التي توضح له مدى استفادة المتدربين. وعند اعتماد المدرب الحالة الدراسية كأسلوب تدريبي، عليه مراعاة الآتي:

- الإعداد الجيد للحالة من حيث العرض والصياغة، وكذلك توفير نسخ كافية منها للمتدربين.

- تقسيم المتدربين إلى فرق عمل، ويقوم كل فريق بتحليل الحالة ومناقشتها ضمن الفريق. ويحرص المدرب على ان يختار الفريق أحد أعضائه ليكون منسقا له، ولتقديم عرض بآراء وتوصيات الفريق في وقت لاحق.

- إعطاء وقت كاف للمتدربين كي يدرسوا الحالة قبل الشروع بالمناقشات. وإن كانت الحالة كبيرة فيفضل توزيع الحالة عليهم قبل يوم أو أكثر للتحضير لها مسبقا.

- بعد انتهاء الفرق من مناقشاتها، يقوم المدرب بتلخيص وقائع الحالة مستعينا ببعض وسائل الإيضاح كإظهار بعض البيانات الأساسية على الشاشة.

- يقوم المدرب بدعوة الفرق لتقديم آرائها وتوصياتها بشكل متتابع. ونيابة عن كل فريق يقوم الشخص الذي اختير منسقا له بتقديم آراء وتوصيات الفريق وله في ذلك استخدام بعض وسائل الإيضاح. وتجري المناقشات البينية بين الفرق أثناء ذلك.

- يكون المدرب متيقظا لإبداء المساعدة لكل منسق عند تقديم عرضه ويعمل على انتشاله من حالة الإرباك التي قد يقع فيها جراء مواجهته ومخاطبته جمهور المتدربين، حيث أن بعض الأفراد غير مدربين على مثل هذه المواقف ويرتبكون كثيرا. وهنا يقع الدور على المدرب لإنقاذ الموقف بالتدخل ولو بتعليق قصير من أجل إعطاء المدرب فرصة لالتقاط أنفاسه ليباشر التقديم.

- عند الانتهاء من تقديم توصيات الفرق، يقوم المدرب بتحليل الحالة وتقديم التوصيات التي أعدها هو، أو الحلول والمعالجات التي تبنتها الشركة (موضوع الحالة) إن كانت الحالة واقعية.

- ضرورة ان يستخلص المدرب الدروس من نتائج الحالة، ويربطها مع هدف الجلسة التدريبية عند الاختتام.

خامسا: المحاكاة (تمثيل الأدوار)

إن أسلوب المحاكاة هو من الأساليب التدريبية الفعالة إذا أحسن استخدامه. يعتمد هذا الأسلوب على قيام عدد من المتدربين بتقمص شخصيات معينة (تمثيل أدوار)، والتعامل مع موقف مستمد من الواقع العملي وذلك بهدف توفير فرصة للممارسة العملية أو توضيح وتجسيم "موقف" للمتدربين بتجسيمه لهم بواسطة تمثيل الأدوار. وهو أسلوب فعال لإكساب المشاركين مهارات يحتاجونها في عملهم. ومن أمثلة ذلك:

➢ التدريب على مهارة البيع. حيث يقوم أحد المتدربين بتقمص شخصية البائع، وآخر (أو آخرون) بتقمص شخصية الزبون / الزبائن.

➢ التدريب على مهارة إدارة الاجتماعات. يتولى أحد المشاركين شخصية قائد الاجتماع، ويتولى آخرون شخصيات المشاركين بالاجتماع.

- التدريب على مهارة إدارة التفاوض. يتقابل فريقان للتفاوض على مسألة محددة يعد لها بشكل جيد مسبقا.

عند اعتماد المحاكاة (تمثيل الأدوار) كأسلوب تدريبي، على المدرب أن يراعي الفقرات الآتية:

- اختيار شخصيات الموقف الذين يقومون بتمثيل الأدوار بعناية وذلك بتكليف الأشخاص الذين يتوسم فيهم القدرة على الأدوار أو ان وجودهم ضمن شخصيات الموقف يزيد من واقعية الحالة مثل وجود شخص مشاكس أو ثرثار ضمن طاقم موقف الاجتماع مثلا.
- الأشخاص الذين يكلفون بالمحاكاة هم من بين المتدربين، وقد يكون عددهم اثنان كما هو في موقف البائع والزبون، أو أكثر كما هو الحال في موقف المدير الذي يجتمع ببعض المدراء أو العاملين مثلا.
- تجري المحاكاة أمام كافة المتدربين، ويأخذ أشخاص المحاكاة موقعا مرئيا من الجميع وتجري وقائع الموقف من دون تدخل أحد، لا من المدرب ولا المتدربين المشاهدين. ويقتصر تدخل المدرب على الحالات التي تستدعي التوضيح أو الحالات النظامية.
- يكلف المدرب أثنين من المتدربين / المشاهدين بالقيام بدور المراقب الذي يسجل ملاحظاته عن مسار عملية "الموقف" (الاجتماع /التفلوض/ البيع) ومدى استخدام المهارات المناسبة أثناء أداء الدور، ونقاط القوة في الأداء والنقاط التي يفضل تلافيها لتحقيق أداء أفضل. وينبغي تزويد المراقب بقائمة بالفقرات التي عيه مراقبتها لأجل ان يكون دوره هادفا وفاعلا.
- بعد الانتهاء من الموقف، يفضل سماع انطباعات أطراف الموقف أولا (الزبون والبائع في عملية البيع/ وقائد الاجتماع والمرؤوسين في موقف الاجتماع / وطرفي التفاوض في الموقف التفاوضي)، ثم سماع الملاحظات المدونة من قبل المراقبين وأخيرا ملاحظات وانطباعات بقية المتدربين المشاهدين. ودور المدرب في هذا المجال هو قيادة المناقشات واستخلاص الملاحظات الجيدة وإبرازها.

- يبذل المدرب جهده بأن تكون جميع الملاحظات التي تقدم مصاغة بشكل بناء، غير جارح لأعضاء الموقف (فريق المحاكاة)، ولا مانع من أن يتدخل لإعطاء توجيه مباشر بشأن ذلك. فالملاحظات الناقدة يفضل أن تصاغ بإيجابية مثل (كان سيزيد من جودة الأداء لو تجنب قول كذا أو فعل كذا) بدلا عن قول (كان من الخطأ قول كذا أو فعل كذا). إن المتدربين يستاءون من النقد الجارح، كما أن ذلك يتنافى مع مبادئ التعلم لدى الكبار.

- يحتاج المدرب ان يحبك موضوع موقف المحاكاة مسبقا. ففي موقف الاجتماع لابد من تحضير مسبق لموضوع أو مادة للمجتمعين لمناقشتها مثلا، وكذلك لتوزيع الأدوار بين المشاركين في الموقف. وتتجلى أهمية التحضير المسبق في الموقف التفاوضي حيث يستلزم وجود مادة أو موضوع يتفاوض بشأنه. وأفضل ما يمكن عمله في هذا المجال هو توفير مسودة عقد بين بائع ومشتري من قبل المدرب، ويقوم طرف البائع أثناء عملية التفاوض بالدفاع عن صيغة العقد ومفرداته بافتراض أنه الطرف الذي أعد مسودة العقد، في حين يتولى طرف المشتري مهمة مناقشة ودحض فقرات العقد التي يراها غير مناسبة له، ويستمر التفاوض لحين التوصل إلى عقد جديد أو لحين انتهاء الوقت المحدد للجلسة.

- الملاحظة الأخرى التي تستحق عناية المدرب هي توقيت تقديم "المحاكاة" بالنسبة لتسلسل مواد الدورة. جرت العادة ان يكون تقديم المحاكاة بعد تقديم المحاضرة التي تناولت نفس الموضوع، وذلك بان يستمع المتدربون لمحاضرة عن مهارات البائع الجيد مثلا قبل ان يشاهدوا موقف المحاكاة الذي يجسم للمتدربين الموقف ذاته، وكذلك الحال عند تناول مهارة إدارة الاجتماع حيث تقدم أولا محاضرة عن (الأساليب الجيدة في إدارة الاجتماع) ثم يلي ذلك عرض موقف المحاكاة ليري الحضور حالة من التطبيق العملي. إن هذا الأسلوب صحيح ولا غبار عليه، لكن هناك جانب من الحقيقة يستحق للمدرب المحنك ان يلم به، وهو الآتي:

في إحدى دورات (مهارات التفاوض والتعاقد) تدارست هيئة التدريب هذه النقطة بالذات وقررت ان يكون تسلسل تقديم المحاكاة قبل محاضرة (العقود) وليس بعدها، خلافا للنهج السائد. وتم تنفيذ ذلك بالرغم من اعتراض المحاضر/ المدرب

الذي من المفترض ان يقدم محاضرة العقود لاحقا. وحضر هذا المدرب جلسة المحاكاة ضمن هيئة التدريب وشاهد الكيفية التي يتفاوض ويتعاقد فيها المتدربون. وبانتهاء جلستي المحاكاة والمحاضرة تبين ان الفائدة المتحققة من النهج الجديد (أي جلسة المحاكاة قبل جلسة المحاضرة) كانت أعمق للمتدربين، حيث جاءت المحاضرة غزيرة بأمثلة أخذت من عرض المحاكاة. كما ان محاضرنا تحول إلى متحمس للنهج الجديد الذي جسد حقيقة (ان أخطاء المتدربين أكبر معلم لهم).

■ يفترض بالمدرب في ختام الجلسة تقديم خلاصة أو استنتاج عن دروس موقف المحاكاة ويربط ذلك بهدف الجلسة وهدف الدورة، ويوجه الشكر للذين أدوا الأدوار.

سادسا: مباراة إدارة الأعمال

وفق هذا الأسلوب يؤدي المتدربون تمرينا في إدارة شركة، ولأجل ذلك يتخذون سلسلة من القرارات التي تخص البحوث والتطوير والإنتاج والإعلان، وقد يتخذون قرارات ستراتيجية مثل توسيع الطاقات الإنتاجية وغيرها. يؤدى هذا التمرين بشكل منفرد إن كان عدد المتدربين قليلا، ويؤدى من قبل فرق صغيرة من المتدربين إن كان عدد المتدربين كبيرا وبهذا يكون أعضاء الفريق الواحد بمثابة إدارة الشركة.

يستخدم هذا الأسلوب في التدريب على إدارة الأعمال كإدارة شركة صناعية ذات نشاط تجاري صناعي ويستخدم عادة في دورات الإدارات العليا ومع الأشخاص الذين يراد إعدادهم لتبوأ مواقع عليا.

الهدف من هذا الأسلوب هو في الغالب تمكين المتدربين على إدراك تكامل القرارات التي يتخذونها من خلال ممارسة عملية هي قريبة من الواقع. وتقوم آلية العمل على تحضير نوعين من المعلومات للمتدربين. النوع الأول من المعلومات يتضمن معلومات أساسية عن شركة ما: حجم رأس المال، المنتجات التي تصنعها، الطاقات الإنتاجية لكل منتوج، كلف الإنتاج، نسب الاندثار السنوية، كلف الإعلان، كلف البحوث التسويقية وكلف بحوث التطوير...الخ. يتعامل كل فريق مع نفس هذه المعلومات كل بطريقته واجتهاده، فيبدأ باتخاذ القرارات لتشغيل وإدارة الشركة بطريقة تختلف من فريق

إلى آخر فهذا الفريق يمكن أن يبدأ بالإنتاج والبيع مثلا، في حين يقوم فريق آخر بإجراء بحث تسويق مسبق قبل قرار الإنتاج مثلا، وفريق ثالث يعزز قراراته بحملة إعلانية، وفريق رابع يأخذا منحا آخرا بقراراته، وهكذا.

بعد أن تتخذ الفرق قراراتها تسلمها إلى المدرب الذي يقوم بدوره بتغذية كل فريق بنتائج قراراته عن مدة زمنية كأن تكون فصلا وتتضمن: كمية المبيعات والإيرادات. تتباين مبيعات الفرق بسبب التباين في قراراتها وأنشطتها الأخرى مثل بحوث التسويق والإعلان والبحث والتطوير، ولربما لاحقا قرارات التوسيع وأثرها على كلفة الوحدة الواحدة... وهكذا. ويقوم كل فريق عند تسلمه نتائج قراراته باحتساب موقفه المالي على ضوء نتائج الفصل (الوحدة الزمنية للقرارات لأغراض التمرين) مستخرجا حسابات الفصل بضمنها الأرباح ورأس المال كي يتخذ قرارات جديدة لفصل جديد.

أما المصدر الذي يغذي منه المدرب الفرق بنتائج قراراتها فهو يمثل النوع الثاني من المعلومات الذي يقوم عليه هذا الأسلوب التدريبي. يتكون النوع الثاني من المعلومات من جداول عديدة تحتوي على "نتائج" للقرارات التي تتخذها الفرق. ولما كان هناك عدد كبير من احتمالات القرارات التي يمكن للفرق ان تتخذها، فلا شك ان يكون هناك كم كبير من بدائل "النتائج" الجاهزة لتغذية الفرق بها عند الحاجة. وعندما يقطع التمرين شوطا زمنيا بانتقاله إلى الفصل الثاني من السنة تكون هناك حاجة إلى بدائل أخرى من "النتائج" الجاهزة. وهكذا عند الانتقال إلى فصل ثالث وفصل رابع. وبإمكان القارئ أن يتخيل الكم الهائل من البيانات في هذه الجداول ويتخيل الجهد الكبير في إعدادها. لذلك تم استخدام الحاسب الإلكتروني منذ زمن بعيد في إظهار نتائج القرارات بعد أن شاع استعماله، وقد سنحت الفرصة للمؤلف بممارسة هذا الأسلوب من دون حاسبة إلكترونية وكذلك معها ولمس الفرق الواضح بين الاثنين.

ولأجل الاستفادة بشكل جيد من أسلوب "المباراة" ينبغي بالمدرب مراعاة الملاحظات الآتية:

- التوضيح للمشاركين الهدف من هذه الممارسة.
- أن تكن هناك علاقة واضحة بين هدف الممارسة التدريبية وبناء وصياغة التمرين / المباراة، فإذا أريد مثلا إبراز أهمية بحوث التسويق والإعلان على

إدارة الأعمال في الحياة العملية فينبغي أن تكون نتائج الممارسة متطابقة مع ذلك، فيكافأ الفريق الذي وظف بحوث التسويق والإعلان في قراراته في النتائج التي يحصل عليها ويكون حظه بالفوز أعلى من الفريق الذي لم يوظف البحوث والإعلان في عمله.

■ تحتاج فرق العمل متابعة حثيثة وأشراف كامل، وقد يحتاجون إلى من يساعدهم في إظهار نتائج حسابات كل فصل.

■ قد يحتاج المدرب إلى مساعد أو أكثر، وهذا شيء مؤكد ان كان تنفيذ التمرين من دون حاسبة إلكترونية فعندها تكون هناك حاجة لوجود مشرف على كل فريق.

■ عند الانتهاء من التمرين، على المدرب أن يحلل العوامل والأسباب التي أدت أن يحتل الفريق الفائز موقعه المتقدم وجعلته موفقا بإدارة الشركة. كما على المدرب ان يربط ذلك بهدف الجلسة والدورة أيضا.

سابعا: الزيارة الميدانية

تعني الزيارة الميدانية اصطحاب المتدربين إلى موقع خارج مكان الدورة وذلك لأغراض تدريبية أيضا، كالإطلاع على نظام أو مشاهدة تطبيق معين ذي علاقة بموضوع الدورة.

يفيد هذا الأسلوب في تنشيط حيوية المشاركين بالإضافة إلى فائدته العلمية التدريبية، ويساعد على تعزيز الثقة واليقين لدى المتدربين بإمكانية تطبيق المواضيع والنظم التي قدمت في الدورة من خلال مشاهدتهم لنظام يعمل به. وتتيح الزيارة الميدانية الفرصة أمام المتدربين لطرح الأسئلة على من طبق ومارس فعلا هذا النظام للتعرف على مستلزمات ومعوقات التطبيق المحتمل مواجهتها.

ويمكن استخدامه في أغراض ومجالات عديدة مثل الإطلاع على العمليات الإنتاجية، معاينة نظام التوزيع وأساليب تجهيز المواد، تطبيقات نظم السيطرة النوعية، نظم الجودة الشاملة، نظم المعلومات في مختلف التخصصات الإدارية. كما يمكن الاستفادة

منه في معاينة تقنيات جديدة لم تنتشر بعد، كالإطلاع على الحاسبة الإلكترونية في بدايات انتشارها.

ولأجل الاستفادة بشكل جيد من أسلوب الزيارات الميدانية ينبغي بالمدرب مراعاة الملاحظات الآتية:

- توضيح هدف الزيارة الميدانية إلى المتدربين مسبقا كي لا يتوقع بعض المتدربين ان يشاهدوا أكثر مما هو مخطط له، وللحيلولة دون خروج استفساراتهم عن نطاق موضوع الزيارة.
- التنسيق الجيد مع إدارة الموقع المزمع زيارته، والتحدث المسبق مع الشخص الذي سيرعى المتدربين أثناء الزيارة وإعطائه صورة واضحة عن توقعات المدرب منها.
- اتخاذ التحضيرات المناسبة لتأمين نقل المتدربين بشكل جماعي إلى موقع الزيارة.
- التأكيد على المتدربين بالامتناع عن إطلاق عبارات لاذعة عن ما يشاهدوه أمام ممثلي الجهة المستضيفة.
- قيام المدرب أثناء الزيارة بجلب انتباه المتدربين للحالات التي تستحق الانتباه إليها حتى وان كانت سلبية.
- في الحالات التي تسمح فيه مدة الدورة، يمكن تنظيم زيارتين ميدانية عن نفس الموضوع. ففي دورة عن "إدارة المخازن" مثلا يمكن أن تكون الزيارة الأولى إلى مخزن يطبق الأساليب الحديثة في حين تكون الزيارة الثانية إلى مخزن "تعبان". ولا غرابة في ذلك إذ يمكن تعلم الكثير من حالات التخلف الموجودة في المخزن الثاني. وفي يوم لاحق من الدورة يطلب المدرب الحاذق من المتدربين إعطاء تصوراتهم لكيفية تطوير المخزن الثاني. ويمكن للقارئ ان يلاحظ ان المدرب بهذه الطريق كأنه أعتمد "حالة دراسية" عايشها المتدربون قبل يوم.
- بعد العودة إلى مكان الدورة يمكن للمدرب ان يطلب من المتدربين تقديم خلاصة عن مشاهداتهم وانطباعاتهم في الزيارة الميدانية، وهذه الخلاصة يمكن ان تكون

شفوية أو تحريرية. وكبديل آخر، يمكن للمدرب ان يقدم هذه الخلاصة وفقا لتقديره.

ثامنا: التدريب في موقع العمل

تبرز أحيانا احتياجات تدريبية لدى بعض العاملين يكون فيها التدريب الموقعي أثناء العمل هو الحل الأفضل من حيث النتائج ومن حيث السرعة الزمنية لتحقيقها. يمكن الاستفادة من هذا الأسلوب التدريبي في الأعمال المكتبية والأعمال المصنعية على حد سواء.

لعل المثال الآتي يسلط الضوء على كيفية الاستفادة من هذا الأسلوب: قامت إحدى المطابع في العراق وبمساعدة أحد الاستشاريين بوضع نظام معلومات عن استغلال وقت مكائن الطباعة لديها. وتبين من تحليل المعلومات ان نسبة استغلال وقت المكائن في حينها لم يكن يتجاوز 28% من الوقت المتاح. كما تبين أيضا من تحليل عناصر الوقت المضاع ان عملية (تبديل القوالب) وعملية (تنظيف المكائن من الأحبار) عند نهاية العمل كانتا أبرز عاملين تصدرا قائمة أسباب الوقت المضاع، وان معالجتهما يمكن ان يفضي إلى ارتفاع كبير في نسبة استغلال وقت المكائن. وبعد تدارس الموضوع تقرر تدريب عمال المكائن موقعيا على كيفية تبديل القوالب وعلى كيفية تنظيف المكائن من الأحبار بطريقة منهجية، حيث تم تجزئة كل عملية إلى خطوات متتابعة على العامل ان يتقيد بها وفق تسلسل ثابت. والطريقة الجديدة التي درب عليها العمال تختلف عن سابقتها بان الطريقة القديمة لم تعتمد مثل هذه الخطوات الثابتة المتسلسلة بل كانت أقرب إلى عمليات عشوائية. وبعد إنجاز التدريب وبدء التشغيل، توالت المعلومات التي تشير إلى تحقيق قفزة كبيرة في نسبة وقت استغلال المكائن. كما ان الكلف الناجمة عن التدريب الموقعي كانت لا تعني شيئا أمام الوفورات التي تحققت.

عند اعتماد هذا الأسلوب التدريبي، ينبغي على المدرب إعطاء عنايته للآتي:

■ قد يصدر من المتدربين (عمالا أو موظفين) ما يشير إلى مقاومتهم للتدريب وللتغييرات الجديدة وهذا ما أشرنا إليه في صدر هذا الفصل عند تناولنا لموضوع (مبادئ تدريب الكبار). ولأجل الحد من هذه المقاومة ينبغي إشعار

75

العاملين بأهمية الموضوع للمنشأة، وان مردوداتـه تسـاهم بتعزيـز مكانتهم المعنوية. كما يمكن تحفيزهم بتكريمهم معنويا ومكافئتهم ماديا أن تحققت نتائج جيدة جراء التغيير.

تاسعا: هيئة حوار

يقوم هذا الأسلوب عل استضافة شخص أو أكثر لأجل الحوار بشـأن قضية معينة، وهذه القضية هي موضوع أو أحد مواضيع اللقاء التدريبي. إن هذا الأسلوب يحقـق زيـادة أو توسيـع في معلومات المتدربين، لذا ينبغي ألا يتوقع المدرب مـن هـذا الأسلوب ان يكسـب أو يصقل المهارات للمتدربين.

ان عقد مثل هذا اللقاء هو بناء على وجـود حاجـة للمتـدربين ولمنشـآتهم للإطلاع عـلى آراء مختصين أو من هم بمثابة مراجع في الموضوع. فقد تكون هناك على سبيل المثال دورة تدريبيـة عـن تطبيقات قواعد الخدمة في الدوائر الحكومية، فتخصص إحدى جلساتها لأجراء حـوار مـع شخص أو أكثر عن (الحاجة إلى قواعد خدمة جديدة ؟).

وتجدر الإشارة إلى إمكانية عقد مثل هذه اللقاءات بشكل مستقل، أي بمعنـى خـارج نطـاق الدورات التدريبية، وعندئذ تأخذ صفة "الندوات" والتي يمكن أن تكون ليوم واحد أو ليـومين. وعنـد عقد مثل هذه الحوارات ينبغي بالمدرب إعطاء عناية خاصة إلى الآتي:

■ ان تكون شخصيات الحوار من الشخصيات التي يشهد لها بالتخصص أو كونها مرجعيـة إدارية في موضوع الحوار.

■ يمارس المدرب دور مدير الحوار الذي يوازن بإعطاء فرص الكلام بـين المتحاورين، وكذلك بتخصيص وقت لمداخلات وأسئلة الحضور، وتنظيمها.

■ ان لقاء الحوار يختلـف عـن لقاء الجلسة التدريبيـة الاعتياديـة، فالحوار هـو أقـرب إلى الجلسات التقليدية حيث لا تمارين ولا حالات دراسية، كما ان اسـتخدام وسـائل الإيضاح قد يكون قليلا أو معدوما. ومن الأفضل للمدرب أن يهيـئ المتدربين لهـذه الأجـواء مـن جهة، ويعلم شخصيات الحوار بتوفر وسائل إيضاح ويشجعهم عـلى اسـتعمالها مـن جهـة أخرى.

عاشرا: الرزمة التدريبية

تقدم إلى المتدربين عادة مواد مكتوبة تتناول موضوعاتها ما طرح في الجلسات التدريبية على شكل محاضرات وحالات دراسية وغيرها. ومصدر هذه المواد التدريبية هم المدربون / المحاضرون أنفسهم، فمنهم من يعد المادة المكتوبة خصيصا لهذه الدورة أو سبق له وان قدمها إلى دورة مماثلة، ومنهم من يوفر للمتدربين بعض المرجعيات ذات العلاقة كالبحوث والدراسات التي تنشرها بعض المجلات المتخصصة.

ان الهدف من المواد التدريبية المكتوبة هو تعزيز ما طرحه المدرب من معلومات أثناء الجلسة التدريبية أولا، ولإعانة المتدرب على الرجوع إلى بعض هذه المعلومات والنصوص عند الحاجة ثانيا.

وتميل بعض مراكز التدريب إلى إعطاء عناية كبيرة لهذه المواد المكتوبة بالعمل على إخراجها على شكل متكامل ومتسلسل موضوعيا، ومعتنى بطباعته وتغليفه ويوزع على متدربي الدورة كرزمة أو حقيبة تدريبية يستفيدون منها ويسرهم الاحتفاظ بها. ومهما بلغت فائدة الرزمة التدريبية فهي ليست بديلا عن المحاضرات والأساليب التدريبية الأخرى، بل مكمل لها فقط.

إن الرزم التدريبية في الأساس هي لخدمة المتدرب. لكن يوجد نوع آخر من الرزم الذي يخدم المدرب والمتدرب معا، وهذا النوع يحتوي في طياته إضافة إلى المواد المكتوبة، يحتوي على بعض الوسائل والمواد الإرشادية التي تعين المدرب. فهي قد تحتوي على شفافيات وكذلك شرائح (سلايدات) صور التي يمكن استخدامها كوسائل إيضاح أثناء عرض المادة. وتحتوي بعض هذه الرزم على تمارين بسيطة وتمارين مباراة، وبعض منها قد يحتوي على أشرطة صوتية كجزء من التمرين. وهي ان كانت بمثل هذا المستوى يمكن تسميتها بحق "رزمة تدريب".

إن إعداد النوع الأخير من الرزم التدريبية يحتاج إلى جهد وإمكانيات كبيرة قد لا تكون متوفرة لدى جميع مراكز التدريب الاعتيادية، لهذا بادرت ومنذ مدة طويلة بعض الجهات، ومنها مركز التجارة الدولي في جنيف، بإنتاج مثل هذه الرزم التدريبية والعمل على جعلها بمتناول مراكز التدريب.

حادي عشر: الفلم التدريبي

يقوم هذا الأسلوب التدريبي على عرض فلم تدريبي للمتدربين له علاقة بموضوع وهدف الدورة. وغالبا ما تتناول الأفلام التدريبية موضوعا تغطيه بأسلوب المحاضرة أو الإرشاد ومعززة بمشاهد كأنها مقتطعة من الحياة الواقعية. وتتناول الأفلام التدريبية مختلف المواضيع، وتتفاوت مددها الزمنية.

إن استخدام الفلم التدريبي يحقق فائدة للدورة التدريبية، فهو بالإضافة إلى فائدته العلمية يساهم في تجديد نشاط المتدربين من خلال التنوع في أساليب التدريب التي يلمسونها، وتضفي نوع من المسرة على أجواء الدورة. وعلاوة على ذلك، فان بعض الأفلام التدريبية قد تلبي حب الاستطلاع لدى بعض المتدربين إن ظهر فيها متحدث هو من فئة المشاهير المرموقين، أو تناول الفلم مشاهد أو تجربة إحدى المؤسسات ذات الشهرة العالمية.

وإذا أعتمد المدرب هذا الأسلوب التدريبي عيه مراعاة الآتي:

- ان يقوم المدرب بمشاهدة الفلم وتحضير ملاحظاته وتعليقاته عليه مسبقا.
- لا بأس ان قام المدرب قبل عرض الفلم بجلب انتباه المتدربين إلى بعض المشاهد التي ستعرض، والطلب إليهم التركيز على بعض الجوانب.
- بعد عرض الفلم، يطلب المدرب من الحضور الآراء والتعليق على ما شاهدوه بموجب تساؤلات معده بعناية من قبله مسبقا. ويعطي المدرب ملاحظاته بعد ذلك.
- عند عرض الأفلام التدريبية يواجه المدربون عادة مشكلة عدم فهم لغة الفلم من بعض المتدربين مما يضعف أو يلغي فائدة الفلم. لهذا يجدر بهيئة التدريب معالجة ذلك بترجمتها إلى العربية.

ثاني عشر: المشروع التطبيقي

يقوم هذا الأسلوب بإعلام المتدربين بان هيئة التدريب على استعداد لتقديم المساعدة والمشورة إذا رغب أحدهم بتطوير بعض جوانب عمله بعد انتهاء الدورة، على ان يكون موضوع التطوير هو من المواضيع التي غطتها دورة التدريب. وبضوء ذلك تنظم لقاءات

بين المتدرب والمدرب لتدارس كيفية إدخال التطوير المنشود، ويطلق على هذا الأسلوب التدريبي أسم (المشروع التطبيقي).

وفي واقع الحال لا يتوقع من مراكز التدريب الخاصة ان تقدم مثل هذه الخدمات في الحالات الاعتيادية لما تتضمنه من جهود وكلف إضافية تتجاوز في واقعها رسم الاشتراك بالدورة. إلا ان ذلك يمكن ان يمارس من قبل مراكز التدريب الحكومية التي لا تعمل وفق مبدأ الربح والخسارة كما كان الحال في تجربة المركز القومي للاستشارات والتطوير الإداري الذي مارس هذا الأسلوب التدريبي في العراق في حقبة زمنية سابقة وقيمت نتائج تلك الجربة في حينها من قبل منظمة العمل الدولية.

وفي هذا الصدد قد يفيد التنويه إلى إن نجاح بعض المشاريع التطبيقية يمكن ان يكون خير رافد للحالات الدراسية الواقعية التي يستفاد من عرضها ومناقشتها في دورات تدريبية لاحقة، كما قد يكون بالإمكان تكليف نفس المتدرب بتقديم مشروعه التطبيقي ونتائجه كحالة دراسية.

ثالث عشر: الحاسب الإلكتروني

بعد ان أنتشر استخدام الحاسبات الإلكترونية وتعدد أغراض استعمالاتها، أصبح البعض يرى إمكانية اعتبارها أحد أساليب التدريب في يومنا هذا. إلا ان نظرة فاحصة لفرص استخدام الحاسبة كأسلوب للتدريب فإننا سنجد بشكل عام ان ذلك ينحصر في المجالات الآتية:

- تعلم البرامجيات، مثل الوندو, أكسل، باور بوينت أو بعض البرامجيات الهندسية مثل أوتو كات أو غيرها. والتعلم هنا يكون أما بواسطة مدرب يقدم التوجيه والإرشاد، أو بواسطة الأقراص المدمجة التي توفر للمتدرب التوجيه والإرشاد صورة وصوتا. ويمكن للقارئ ان يلاحظ ان المعرفة والمهارة التي يستخدمها المتدرب تقع في نطاق الحاسبة الإلكترونية حصرا، فهي أما للتعامل مع الحاسبة أو للحصول على بعض صيغ المساعدة كالجداول أو الصور والرسومات.

➤ حل بعض التمارين، مثل التمارين المتعددة الخيـارات الي يمكـن ان يكلـف بهـا المـدرب المتدربين. وفي مثل هذه الحالات يفتقد التواصل والحس الإنساني بين المدرب والمتدرب.

لهذا يمكن القول ان الحاسبة ليست أسلوب تدريبي بعد، بل هي معين هائل في الحصول على المعلومات كما يمكن الاستعانة بها في بعض الفعاليات التدريبية كما وضحنا ذلك مثل الاستعانة به في تقديم (مباراة إدارة الأعمال). لكن من يدري... فقد تطرأ بعض التطورات والابتكارات التـي تبلـور دوراً تدريبياً للحاسبة مستقبلاً.

الفصل الخامس
تصميم وتنفيذ الدورة

الفصل الخامس
تصميم وتنفيذ الدورة

هدف الدورة

إن الدورة ليست مجرد لقاء لمجموعة من الأشخاص يتحدثون في موضوع مفتوح، بل هي لقاء يسعى فيه المجتمعون إلى اكتساب معارف ومهارات جديدة ترتقي بقدراتهم في العمل الوظيفي. ويوجد في هذا اللقاء مدرب ينظم مجرياته، متبعا أساليب عمل خاصة لذلك. فالدورة إذا هي لقاء هادف.

وينبثق هدف الدورة في الأساس من نتائج عملية تحديد الحاجات التدريبية للعاملين ومن خطة التدريب. فمن المفترض إن إدراج كل دورة ضمن خطة التدريب ما جاء إلا بعد إقرار تشخيص وجود (فجوة) في الأداء، وإقرار الحاجة لمعالجة هذه الفجوة. لهذا فان هدف كل دورة لا يأتي من فراغ وإنما من واقع الحاجات التدريبية أولا، ومن خطة التدريب التي ترسم معالم وسبل ذلك ثانيا. ومن حيث الهدف فإن الدورات بشكل عام نوعان:

النوع الأول: دورات معرفية

وهي دورات هدفها إمداد المشاركين بالمعرفة حول موضوع الدورة، وهنا يتباين نطاق المعرفة المستهدف إيصالها إلى مشاركي الدورة. فقد تكون هذه المعارف أساسية وقد تكون متقدمة وكالآتي:

(1) معارف أساسية

وهي الدورات التي تركز على المفاهيم والأهمية ومجالات الاستخدام، وبالتالي يكون هدف الدورة في مثل هذه الحالات هو إثارة الحماس لدى المشاركين والتثمين للمواضيع المطروحة. مثال عن هدف دورة في التسويق: (تعريف المشاركين بالتسويق وأهمية وظائفه للمنشأة).

(2)   معارف متقدمة

وهي الدورات التي تركز على أساليب عمل، ومنهجيات، وطرق تحليل في نطاق الموضوع ككل أو في أحد جوانبه أو فروعه، وبالتالي يكون هدف الدورة في هذه الحالة هو زيادة معلومات المشاركين في نطاق موضوع الدورة، لكن مفترضين بذلك إن المشاركين يملكون أصلا بعض الأساسيات في ذات الموضوع. مثال عن دورة في البحوث التسويقية: (زيادة معارف المشاركين بمنهجيات البحوث التسويقية) حيث من المفترض إن المشاركين يمتلكون مسبقا معلومات أساسية في التسويق.

النوع الثاني: دورات المهارات

وهي دورات هدفها تزويد المشاركين بمهارة معينة التي هي موضوع الدورة. وهنا أيضا قد يكون المشاركون لا يملكون من هذه المهارة شيئا، وقد يلمون ببعضها. ولهذا نجد ان هناك مستويين من الدورة وكالآتي:

(1)   إكساب مهارات

وهي دورات هدفها إكساب المشاركين مهارة معينة لا يملكونها في الوقت الحاضر. فتسعى الدورة بأساليبها إلى تعريف المتدربين بأهمية هذه المهارة وتهيئة المناخ الملائم داخل الدورة لاكتساب هذه المهارة من قبلهم. مثال عن دورة في مهارات البيع: (إكساب المشاركين مهارات البيع والتعامل مع الزبائن).

(2)   صقل مهارات

وهي دورات هدفها صقل مهارات المشاركين في مهارة معينة يتناوله موضوع الدورة، والمتدربون هنا هم في العادة مجموعة من الأشخاص الذين يمتلكون هذه المهارة أو بعض جوانبها. مثال دورة لمجموعة من المدراء في إدارة الاجتماعات: (صقل مهارة إدارة الاجتماع لدى المشاركين).

إن اعتماد أسلوب فرز الدورات حسب طبيعتها المعرفية والمهاراتية يساعد هيئة التدريب كثيرا في تحديد مستلزمات تنفيذ الدورة. فهذا الفرز يساعد على تحديد طبيعة المعلومات (فهل هي معلومات معرفية أو مهاراتية) التي يجب ان تقدم بالدورة أولا.

ويساعد على تحديد مستوى المعلومات (أساسية أو متقدمة) التي تقدم إلى المتدربين ثانيا، ويساعد على تحديد المعالم الرئيسية لأساليب التدريب المناسبة للدورة، ثالثا. ويبين الشكل (1) هذه العلاقات الترابطية.

وتجدر الإشارة إلى ملاحظة هامة وهي إنه وإن تم فرز الدورات إلى معرفية ومهاراتية، إلا انه يصعب الفرز القاطع بين المعلومات التي يناسب تقديمها إلى دورة معرفية وبين المعلومات التي تلائم دورة مهارات، حيث يبقى هناك هامش عريض من المعلومات المناسبة تدريبيا للنوعين.

أن الانعكاس الأكبر للفرز بين طبيعة أنواع الدورات يمكن أن يكون على تشخيص أساليب التدريب المناسبة. إن الأساليب العملية التي تتيح للمتدرب ان يمارس "الشيء" أو يعمله بنفسه هي خير ما يستعمل في دورات المهارات، فأسلوب (اعمل الشيء بنفسك) هو الذي يعلق في الذاكرة عند المتدربين. لهذا ينبغي بالدورات المهاراتية إن تعتمد أساليب التدريب العملية وبشكل خاص أسلوب المحاكاة (تمثيل الأدوار) أكثر من الدورات المعرفية.

الشكل (1)

طبيعة الدورة وعلاقتها بالهدف والأسلوب التدريبي

طبيعة الدورة	مستوى الدورة	هدف الدورة	أهم وسائل الإيضاح
معرفية	أساسية	التعريف بأسس وقواعد الموضوع	محاضرات، تمارين بسيطة
معرفية	متقدمة	زيادة المعارف بالموضوع (منهجيات، أساليب، استخدامات)	محاضرات، حوار، حالات دراسية
مهارات	أساسية	إكساب مهارة	محاضرات، المحاكاة، مناقشات
مهارات	متقدمة	صقل مهارة موجودة	محاضرات، المحاكاة، مناقشات

إن فرز الدورات حسب طبيعتها ما هو إلا خطوة مهمة نحو الصيغة النهائية لهدف الدورة، ذلك الهدف الذي يعلن للجميع، وبموجبه يجري إعداد برنامج الدورة ومرداتها، وعلى ضوئه يجري تقييم الدورة في مرحلة لاحقة. ولهذا يجب إن لا تغادر هيئة التدريب أو مدير الدورة موضوع الهدف إلا بعد إن يسطر على الورقة ما هو واضح ومناسب وعملي واقعيا، وذلك بتكملة الجملة الآتية : (بنهاية هذه الدورة سيكون المشاركون قادرين على.........). إن هذا الأسلوب يساعد على صياغة أهداف واضحة وعملية وواقعية. لذلك لا ضير ان تصرف هيئة التدريب الوقت والجهد الطويل نسبيا للعناية بصياغة هدف الدورة.

برنامج الدورة

بعد صياغة هدف الدورة تقوم هيئة التدريب باستخراج وإعداد برنامج الدورة من المصادر الآتية:

- أهداف الخطة.
- سياسات الخطة.
- هدف الدورة.

وقد جرى فيما مضى شرح هذه الفقرات الثلاثة وكيفية الوصول إليها بالتفصيل. ويقصد بالبرنامج مواضيع ومفردات الدورة حسب تتابع أيام الدورة. وإذا أردنا مفهوما أوسعا لبرنامج الدورة فهو يشمل:

- **هدف الدورة:** وقد تم تناول هذه الفقرة في السطور أعلاه.
- **منهاج الدورة:** وينبثق من هذه الفقرة مواضيع الجلسات التدريبية, ويتم إعداد خططها، وسنبين ذلك في السطور القادمة.
- **وسائل التدريب:** وهي مجموعة الوسائل التدريبية التي ستعتمد في تنفيذ الدورة. وقد تم تناول أنواع هذه الوسائل بالتفصيل في الفصل السابق.

- **مكان الانعقاد:** ويراعى في اختيار المكان ان يكون معروفا وجذابا للمنشآت والمشاركين أولا، وان يكون سهل الوصول إليه ثانيا، وان تكون القاعة التي ستعقد فيها الدورة مناسبة للغرض ثالثا.
- **تاريخ الانعقاد:** عند تحديد تاريخ الانعقاد يراعى ان لا تتعارض الفترة الزمنية للدورة مع ذروة إالتزامات شريحة الأشخاص المستهدفين بالدورة، وعليه يجب إن يقع الاختيار على تاريخ يقع خارج فترات ذروة العمل.
- **التوقيت اليومي للدورة:** إن هذه الفقرة قد تكون في منتهى الأهمية للبعض، فليس كل المشاركين يستطيعون التفرغ التام للدورة خصوصا الأشخاص الذين يشغلون مواقع إدارية عليا.

تخطيط جلسات الدورة

يتولى مدير الدورة مهمة وضع تفاصيل الدورة على شكل جلسات تدريبية، لكل جلسة ميعادها وموضوعها ورئيسها، مستندا في ذلك بشكل أساسي على هدف الدورة. ولغرض الوصول إلى ما يسمى (خطة الجلسة) يحتاج مدير الدورة التنسيق مع كافة المحاضرين / المدربين الذين سيغطون جلسات الدورة. وعند الانتهاء من تدوين المعلومات الخاصة بكل جلسة تتهيأ خطة الجلسات التدريبية، ويمكن مراجعة الشكل (2) للإطلاع على النموذج الخاص بذلك، حيث يدون لكل جلسة تدريب، المعلومات الآتية بوضوح:

الشكل (2)

خطة الجلسات التدريبية

اليوم والتاريخ	موضوع الجلسة	هدف الجلسة	رسالة الجلسة	فقرات الموضوع الأساسية	أساليب التدريب	وسائل الإيضاح	المدرب

- موضوع الجلسة، وهو ذات الاسم الذي يعتمد في منهاج الدورة ويوزع على المتدربين.

- هدف الجلسة، وهذا يشتق من موضوع وهدف الدورة، وإن تحقيق هدف الجلسة يساهم في تحقيق هدف الدورة.

- رسالة الجلسة، ويمكن إن يعبر عنها بالمضمون أو الفحوى الرئيسيـ للجلسة الذي يسعى المدرب إلى إيصاله للمتدربين من خلال وسائل التدريب الذي يعتمدها.

- فقرات الجلسة الأساسية، وهي البنود الأساسية التي تتشكل منها الجلسة سواء كانت الجلسة تقتصر على محاضرة أو غير ذلك، فعلى المدرب بشكل رئيسي وبالتنسيق مع مدير الدورة تحديد هذه الفقرات بوضوح لتحقيق عدد من الفوائد جراء ذلك. فالتحديد الواضح لفقرات الجلسة يساعد على عدم التداخل مع مواضيع جلسات الدورة الأخرى، وهذه مهمة مدير الدورة بصفته (المنسق) بين المدربين، أولا. والتحديد الواضح يساعد أيضا على تحقيق التسلسل الموضوعي لطرح المادة والاستيعاب العالي لها، ثانيا. كما إن ذلك يسهل عملية توزيع الوقت المخصص للجلسة على فقراتها بالشكل الذي يراه المدرب مناسبا بما يتناسب مع أهمية كل فقرة، وعدم ترك الأمر ليأخذ مجراه بشكل ارتجالي لمسار أحداث الجلسة، ثالثا.

- أساليب التدريب، ويدرج فيها الأساليب التي يخطط كل مدرب لاعتمادها عند تقديم جلسته التدريبية سواء كانت محاضرة أو تمرين أو حالة دراسية أو زيارة ميدانية أو غيرها. إن إدراج هذه المعلومات في خطة الجلسات التدريبية تساعد مدير الدورة على معرفة التنوع المتاح في أساليب التدريب في تنفيذ الدورة، لتجنب سريان الملل إلى المشاركين جراء استخدام ذات الأسلوب التدريبي في كافة الجلسات. كما إن ذلك يساعد مدير الدورة أيضا لمتابعة مستلزمات التنفيذ الخاصة بكل جلسة مثل تهيئة وطبع التمارين والحالات الدراسية، الإعداد والتنسيق للزيارات الميدانية وهيئة الحوار...الخ.

- وسائل الإيضاح، وهذا الحقل يبين مسبقا نوع الوسائل التي يخطط كل مـدرب اعتمادهـا في تقديم جلسته مما يساعد على توفيرها وفحصها بالوقت المناسبين.

قائمة مراجعة التحضيرات

إن ما تقدم عرضه من تهيئة وتحضيرات مثل صياغة هدف الدورة وكذلك هـدف كـل جلسـة تدريبية وتحديد نوع أساليب التدريب، كل ذلك يتعلق بجوهر ومضمون الـدورة لضمان أن تكون ملبية بشكل فعال للحاجة التدريبية التي من أجلها تقرر تنظيم الدورة. لكن تبقى هنـاك مجموعـة كبيرة من العوامل التي يجب الالتفات إليها من قبل هيئة التدريب كي يمكـن تنفيـذ الـدورة بوقتهـا وبنجاح. وتقع مسؤولية ذلك بشكل رئيسي- على مدير الـدورة، ويساعده في ذلك السكرتارية. ومجموعة العوامل هذه يتعلق قسم منها بجوانب تحضيرية في حين يتعلق قسم آخر منها بجوانـب سلوكية. ومنها ما يجب إنجازه صباح يوم افتتاح الدورة، ومنها ما ينجـز قبـل ذلك ربما بشهرين أو أكثر. ولأجل ضمان إنجاز هـذه التحضيرات بوقتها المناسب، ينبغـي إن يهيـئ مدير الـدورة قائمـة مراجعة بالتحضيرات الواجب إنجازها حسب المدد الزمنية المناسبة. ومن هذه التحضيرات الآتي:

تحضيرات قبل شهرين

إن تحديد المدة الزمنية بشهرين هي مسألة تقريبية تعتمد على الإمكانيات المتاحة والظروف الموضوعية السائدة في محيط إدارة الدورة، فقد تكون الحاجة لمـدد زمنيـة أطـول أو أقصر- وحسـب مقتضى الحال. وضمن هذه الفترة الزمنية، على مدير الدورة إن يعمل على تهيئة الآتي:

* قاعة التدريب

عند اختيار قاعة للتدريب يراعى جملة من العوامل:

○ أن تكون في مكان معروف وجذاب للمشاركين في نفس الوقت. ومن الأماكن المألوفـة في هـذا المجـال هـو عقـد الـدورة في قاعات مراكـز التدريب المتخصصة أو قاعات لـدى الاتحادات المهنية والجمعيات العلمية والاجتماعية أو الفنادق أو قاعات متخصصة لمثل هذه الأغراض.

89

- توفر حمامات بالقرب من القاعة.
- إمكانية تقديم خدمات الضيافة بالقرب من القاعة.
- حجم القاعة مناسب لعدد المشاركين. فالقاعة الكبيرة جدا تعطي للجالسين إحساسا غير مريح بالفراغ في القاعة، في حين تعطي القاعة الصغيرة إحساسا بالضيق من المكان.
- وجود غرف صغيرة أو أماكن مناسبة تسمح لاجتماعات فرق المتدربين الصغيرة أثناء التمارين والحالات الدراسية.
- سهولة الوصول إلى مكان القاعة، مثل توفر وسائل المواصلات.
- توفر خدمات التكييف المريح.
- التأكد من توفر نقاط كهربائية تسمح باستخدام الحاسب الإلكتروني ووسائل الإيضاح كعرض الأفلام والعاكس، وكذلك التأكد من نوع التوصيلات اللازمة في حالة الحاجة إليها وعدم ترك ذلك للحظة الأخيرة.

* الإعلان عن الدورة

ما أن يثبت حجز قاعة التدريب يصبح بمقدور هيئة الدورة الإعلان عن الدورة ومكان انعقادها. ولابد من الإشارة هنا إلى أن بعض مراكز التدريب تعلن عن برنامجها التدريبي السنوي دفعة واحدة مع بداية كل عام، وغالبا ما تتضمن تفاصيل البرنامج عناوين أماكن عقد تلك الدورات. يحقق هذا الأسلوب فائدة كبيرة للمنشآت التي تولي التدريب أهمية كافية وتعمد إلى التخطيط لإشراك منتسبيها بالدورات التدريبية المناسبة، فيتيح لها هذا الأسلوب التجاوب مع برامج التدريب السنوية بتسمية مرشحيها للدورات دفعة واحدة أيضا. إلا أنه تسجل نقطة ضعف على هذا الأسلوب وهي إن برنامج التدريب السنوي المرسل من قبل مركز التدريب قد يضيع بعد حين في أحد أدراج موظفي المنشأة من دون اتخاذ إي إجراء عليه كما هو الحال في المنشآت ذات الاهتمام الضعيف بالتدريب. وفي هذه الحالة قد يكون مفيدا لمركز التدريب أن يعزز إعلانه السنوي عن كامل برنامجه التدريبي بسلسلة من الإعلانات الدورية على مدار العام معلنا عن مجموعة دورات ستقام خلال الشهرين القادمة أو الفصل القادم.

وهناك بالمقابل جهات أخرى لا تعلن بالأساس عن دوراتها دفعة واحدة بل تعلنها على دفعات متتالية كأن تعلن عن كل دورة بشكل مستقل أو تعلن عن دورتين أو أكثر معا. إن هذا الأسلوب لا شك يحقق نتائج إيجابية أعلى في المنشآت التي لا تخطط للنشاط التدريبي على مستوى السنة، فهي قد تستجيب فقط للدورات المعلن عنها وتاريخ انعقادها قريب. إلا إن هذا النمط من الإعلان عن الدورات التدريبية (إي الإعلان عن الدورات بشكل متتالي وليس دفعة واحدة في بداية العام) لا يناسب المنشآت التي تخطط سنويا لنشاطها التدريبي، فهي تفضل الاطلاع المسبق على ما هو متاح من دورات كي ترشح منتسبيها للدورات التي تراها مناسبة وعل ضوء الميزانية المرصودة للتدريب.

إن مثل هذا الوضع قد يدفع بعض المنشآت الحريصة إن تطالب مراكز التدريب (خصوصا تلك المراكز التي يتمتع أدائها التدريبي بسمعة جيدة) بتزويدها ببرنامجها التدريبي السنوي مع بداية العام، والتي هي بدورها غالبا ما ترحب بذلك.

*** المواد المكتوبة**

من المفترض إن لكل دورة تدريب موادها المكتوبة التي توزع على المتدربين عند بدء الدورة وأثناء انعقادها. وهذه المواد المكتوبة قد تكون ملخص للمحاضرات التي ستقدم في الدورة، أو تمارين أو عدد من الحالات الدراسية أو مواد مرجعية أخرى. إن إعداد وتحرير هذه المواد المكتوبة يحتاج إلى جهد ووقت، وقد يكون وقتا ليس بالقصير مما يتدعي المباشرة بالتهيئة للمواد المكتوبة بشكل مبكر ومتتابع وعدم تركها للحظات أو الأيام الأخيرة التي تسبق انعقاد الدورة حيث إن ذلك سيزيد من الأعباء على هيئة التدريب والسكرتارية، ويزيدهم توترا في لحظات هم أحوج فيه إلى الهدوء والسيطرة على الأمور.

تحضيرات قبيل الدورة

إن التحضير للدورة هو في الواقع عملية مستمرة من الفحص والمتابعة لغاية تاريخ التنفيذ. وبعض من هذه التحضيرات يفترض بمدير الدورة التحقق من تهيئتها بشكلها النهائي قبل يومين من بدء الدورة، ومنها ما يعاد فحصه من جديد قبل الافتتاح، صباح يوم الدورة. وهي كالآتي:

* **فحص القاعة**

تحتاج القاعة للفحص والتحقق من توفر كافة المستلزمات فيها كالسبورة ولوحة الأوراق والعاكس وأي أجهزة أخرى قد يحتاج إليها في الدورة قيد التنفيذ. وتفحص القاعة من زوايا نظر المشاركين، وكذلك التحقق من كفاية عدد المقاعد المتاحة. ومن تجربة شخصية تكررت مرارا للمؤلف هو الحضور غير المتوقع لأشخاص يفوق عددهم عدد الترشيحات المبلغ عنه، بسبب تأخر أو بطء عملية الترشيح في بعض المنشآت. وهذا حدث من شأنه إرباك الدورة في مرحلتها الأولى ما لم يتخذ إجراء سريع لتدارك الموقف.

* **وسائل الإيضاح**

يتم التحقق من وجود وسائل الإيضاح التي ستستخدم في الدورة، وكذلك التحقق من جاهزيتها للاستعمال. وزيادة في التدبر والتحوط يفضل تهيئة مصباح إضافي للعاكس (الأوفرهيد بروجكتور) يكون بمتناول اليد عند الضرورة، كما يفضل أن يتواجد في القاعة أو بقربها من هو قادر على تغيير المصباح المعطوب بالجديد.

* **حافظات للمتدربين**

يعمل على توفير حافظات للمتدربين لاحتواء منهاج الدورة وكافة المواد المكتوبة التي توزع عليهم. ويراعى أن تكون المحافظ عملية وأنيقة بنفس الوقت، وقد تكون كارتونية أو بلاستيكية أو جلدية. ويراعى أيضا الحسبان توقع حضور مرشحين إلى الدورة لم يتم تسلم ترشيحاتهم بعد مما قد يتطلب الأمر توفر بعض المحافظ الإضافية.

* **كروت بأسماء المدربين والمتدربين**

التأكد من إعداد كروت بأسماء كافة المتدربين والمدربين توضع أمام كل شخص في القاعة لغرض التعريف، وينبغي إن تكون بخط جميل وواضح. وضمن هذا السياق يفضل التنويه بأن معظم المشاركين لا يغفرون وجود أخطاء في كتابة أسمائهم، فلابد من التدقيق الجيد للأسماء وكيفية كتابتها.

* المواد التدريبية المكتوبة

تشمل المواد المكتوبة للدورة على منهاج الدورة والملازم (خلاصات المحاضرات) والحالات الدراسية والتمارين، وقد تتضمن أيضا على بعض المرجعيات المطبوعة أيضا. لاشك أن يوزع منهاج الدورة على المتدربين مع المحافظ في حين توزع المواد التدريبية الأخرى معها أو أن توزع تباعا لاحقا وحسب تقدير مدير الدورة والمدرب المختص. وفي هذا الشأن ينبغي بالقائمين على الدورة أن يكونوا قد فرغوا في هذه المرحلة من عمليات الطباعة والتصوير تماما ليتفرغوا كلية لاستقبال المتدربين والتسجيل ومتابعة الجوانب الأخرى الدورة.

* تذكير المحاضرين الخارجيين

غالبا ما تتضمن هيئة التدريب محاضرين من خارج المركز التدريبي (أو من خارج المنشأة) المنظم للدورة. ولتجنب الإحساس بالحرج والإرباك جراء تأخر أو تخلف المحاضر عن الحضور، يفضل تذكيره بموعد المحاضرة قبل يوم من موعدها مدركين إن المحاضر الخارجي هو على الأغلب شخص له التزاماته وأولياته الخاصة به.

* الاتصال بالمتدربين

يفضل الاتصال الهاتفي بالمتدربين خلال الأيام القليلة التي تسبق تاريخ انعقاد الدورة وذلك لتحقيق غرضين. أولا لتوفير الإرشاد والدلالة للوصول إلى مكان انعقاد الدورة, وثانيا لغرض التذكير بالدورة ولو بشكل غير مباشر. ولوحظ بالتجربة العملية أن بعض المنشات تترك مرشحيها للدورات الخارجية في ظلام دامس خاصة فيما يتعلق بمكان انعقادها، فيكون الاتصال الهاتفي بمثابة الحل للمعضلة التي هو فيها.

* خدمات الضيافة

يتم التأكيد قبل يوم الدورة وكذلك يوم افتتاحها على الجهة المختصة بتوفير خدمات الضيافة وتخصيص مائدة لذلك قرب قاعة التدريب، وتعطى الإيعازات الواضحة بشأن ذلك من حيث النوع والكمية والوقت.

في قاعة التدريب

تقع على مدير الدورة مسؤوليات كبيرة ومتعددة، منها ما يبدأ قبل تاريخ بدء الدورة بأشهر وهذا ما تطرقنا إليه في السطور السابقة، ومنها ما يلازم الدورة لحين انتهائها بل ويتعدى هذا التاريخ أيضا. إلا أن مسؤوليات مدير الدورة تتعاظم خلال فترة انعقادها، بل وتصل إلى الذروة في يوم افتتاحها فذلك هو الحدث الذي انصبت كل المساعي له، وبذل كل الجهد وأعدت التحضيرات من أجل إنجاحه. أما المدرب فهو يتحمل مهمة حيوية وجسيمة في نجاح الدورة، فعليه يقع عبء إيصال المادة إلى المتدربين، وهو الشخص الذي سيواجهه المتدربون لجلسة تدريبية بكاملها ولربما لأكثر من جلسة واحدة ضمن الدورة، وعليه الدور الأكبر في خلق انطباعات المتدربين عن الدورة.

وفي السطور القادمة نستعرض واجبات مدير الدورة، وواجبات المدرب أثناء العملية التدريبية واستخداماته لتقنيات التدريب، وأخيرا نناقش كيفية التعامل مع بعض حالات المتدرب الصعب.

* واجبات مدير الدورة

ويمكن تلخيص واجبات مدير الدورة يوم الافتتاح وطوال مدة انعقادها بالآتي:

○ أفحص القاعة يوم الافتتاح مبكرا، وتأكد من ان القاعة والتكييف ووسائل الإيضاح والمستلزمات الأخرى مهيأة بالشكل المطلوب.

○ تحقق من أن تلازم السكرتارية مكانها المناسب لاستقبال المشاركين عند توافدهم لأغراض التأشير والتحصيل.

○ أحرص أن تساهم في الترحيب بكل مشارك عند الوصول سواء بالمصافحة أو قول العبارات المناسبة.

○ تأكد من خلال السكرتارية بأن كل مشارك يتسلم المحفظة التدريبية المعدة التي تحتوي على منهاج الدورة وبعض المواد المكتوبة والتعليمات.

○ إذا كانت الدورة مقامة من قبل مركز تدريبي خصيصا لإحدى المنشآت، أو مقامة من قبل منشأة لبعض منتسبيها، فيفضل حضور رئيس المنشأة أو أحد

أفراد الإدارة العليا جلسة الافتتاح وتقديم كلمة قصيرة لإعطاء دفع معنوي للدورة. ويفضل حضوره ثانية عند نهاية جلسة الاختتام على الأقل.

○ عند البدء الفعلي بأعمال الدورة، رحب أولا بالمشاركين جميعا للمشاركة في الدورة وبين المعلومات الأساسية عن الدورة موضحا هدفها وبرنامجها ومدتها وأساليب التدريب التي تعتمدها.

○ ليكن كلامك طبيعيا ومعتمدا على ملاحظات ورؤوس أقلام مدونة أمامك، وليس على شكل قراءة خطبة أو كلمة مكتوبة.

○ ركز في الكلمة الافتتاحية على إن هذه الدورة هي أداة لتبادل الخبرات بين المشاركين كافة، لذا فإن نجاحها يعتمد على القدر الذي يساهم فيه المشاركون من أسئلة وتعليقات وعرض خبرات. إن ذكر هذه الملاحظة يبدد التحفظ الموجود لدى بعض المشاركين، كما يقلل من التخوف ومقاومة التغيير لدى بعض آخر.

○ بين للمشاركين طريقة سير الجلسات التدريبية وطريقة العمل المتبعة.

○ أفسح فرصة للمشاركين للاستفسار عن بعض مضامين ما طرحته، مؤكدا بنفس الوقت على استعدادك لتقديم المزيد من الإيضاحات إن هم طلبوا ذلك لاحقا.

○ إذا قدم المشاركون مقترحا بإجراء إضافة أو تعديل على منهاج الدورة، فيجب دراسة المقترح بسرعة وجدية إن كان ذلك بمقدور إدارة الدورة ولا يتعارض مع هدف الدورة. إن الأخذ بمقترحهم سيزيد من تفاعلهم مع الدورة من جهة، ويحسن من صورة إدارة الدورة لديهم من جهة ثانية.

○ أكد في كلمتك على ضرورة الالتزام بتوقيت بدء الجلسات، وأحرص من جانبك على الالتزام بتطبيق ذلك وعدم السماح بالتأخير. إن أي تأخير بسيط يسمح به يمكن أن يتطور ويستفحل مع كل جلسة جديدة.

○ من الضروري أن يتولى مدير الدورة مهمة التعريف المتبادل لكافة المشاركين في ختام الكلمة الافتتاحية وقبل بدء وقائع الجلسة التدريبية الأولى. ومن الأساليب الشائعة في ذلك هو أن يبدأ مدير الدورة بتقديم نفسه، ثم يطلب من

المشاركين بتقديم أنفسهم حسب تسلسل جلوسهم. ويشمل التعريف بالنفس على الاسم والتحصيل الدراسي والوظيفة ومكان العمل وعدد سنوات الخبرة. إن دعوة المشاركين للكلام لتقديم أنفسهم يساهم كثيرا بكسر الحاجز الجليدي الموجود عادة في بداية أي اجتماع يحضره غرباء.

○ عند الانتهاء من الكلمة الافتتاحية يصار إلى تقديم المدرب الذي سيتولى تقديم الموضوع الأول وفق المنهاج التدريبي للدورة ما لم تكن هناك فاصلة استراحة مخطط لها. إن عملية التقديم والتعريف هذه ضرورية للمشاركين كما هي ضرورية للمدرب المحاضر. فالمشارك لديه ما يكفي من الفضول لأن يريد التعرف إلى هوية ومؤهلات الشخص المتحدث وكذلك معرفة مدى علاقته بموضوع المحاضرة، فهل هو متحدث متخصص أم ماذا ؟ أما بالنسبة للمدرب المحاضر فهي عملية تنطوي على الاحترام والتقييم المعنوي، وكم من المدربين من أستاء وأشتكى من غياب فقرة التقديم والتعريف به، حيث يطلب منه مدير التدريب القليل الخبرة ولوج القاعة بنفسه والمباشرة بالحديث إلى المشاركين مباشرة من دون تقديم، بل ومن دون مرافقة مدير الدورة أو من ينوب عنه.

○ تقع على عاتق مدير الدورة مهمة تقديم جميع المدربين والمحاضرين تباعا حسب مواعيد جلساتهم. ويذكر في التقديم أسم المدرب وأبرز مؤهلاته الدراسية والعملية وإنجازاته وما لديه من مؤلفات وبحوث ونشرـ (إن وجدت)، ويرحب به قبل توليه تقديم جلسته التدريبية.

○ تبقى على عاتق مدير الدورة مهمة انضباط الدورة من جميع الوجوه إلا أنه لا يسمح لنفسه بمقاطعة المدرب المحاضر إلا لسبب كبير كالمحافظة على النظام أو التوقيت.

○ يحرص مدير الدورة على أن لا تتقاطع أو تتداخل المواد الي يقدمها كل مدرب مع ما يقدمه زملائه الآخرون. ودور مدير الدورة هذا هو امتداد لدوره عند مرحلة الإعداد والتحضير.

- لا يجوز لمدير الدورة الاختلاف مع المدرب المحاضر أمام المشاركين، وإن حدث ما يستدعي ذلك فله أن يتداول معه في ذلك خارج القاعة، أو أن يكتب له ملاحظته عل قصاصة من الورق يمررها للمدرب.
- إذا شعر مدير الدورة بأن وقت الجلسة التدريبية أوشك على الانتهاء، ينبه المدرب على ذلك بشكل غير مباشر، أو أن يستخدم أسلوب تمرير قصاصة ورق إليه للتنبيه عل ذلك.
- على مدير الدورة التوجه بالشكر إلى المدرب عند نهاية جلسته التدريبية.
- يحرص مدير الدورة عند نهاية الدورة التدريبية على إعطاء فرصة كافية لتقييم الدورة.
- يقوم مدير الدورة بالتوجه بالشكر إلى كافة المتدربين لمشاركتهم وتفاعلهم مع مواد الدورة وحسب واقع الأمر.

*** واجبات المدرب (تقنيات التدريب)**

إن مسؤولية المدرب وان انحصرت شكليا بالجلسة التدريبية المكلف بتغطيتها ضمن الدورة، إلا أن حجم هذه المسؤولية كبير جدا. فالمدرب هو الشخص الذي سيواجه المتدربين لمدة ساعة أو ساعات أثناء الدورة، ومن خلال أداءه يتبلور انطباع رأي المشاركين عن الدورة. فإن أبدى المدرب لهم قادرا متمكنا من المادة، ناجحا في خلق التفاعل الإيجابي بينه وبين جميع المتدربين، ازداد إعجابهم بالدورة.

وتزداد أهمية المدرب إذا زادت جلساته التدريبية في نفس الدورة حيث أن أثره سيتكرر على المشاركين. تلعب الممارسة والخبرة دورا كبيرا في نجاح المدرب، ولابد له من امتلاك تقنيات التدريب الآتية:

- التحضير الجيد هو المصدر الأساسي للثقة بالنفس أثناء الجلسة. لابد من الإعداد والتحضير قبل الجلسة حتى وان كان المدرب على درجة عالية من التخصص في ذات موضوع الجلسة. وترينا ملاحظة بعض المدربين المتميزين إن هؤلاء لا يدخلون قاعة التدريب من دون التحضير المسبق حتى وان أقتصر دورهم

على جلسة تدريبية واحدة وقصيرة، ويتبين ذلك بوضوح من طريقة عرضهم للمادة ومن بعض الجداول أو الإيضاحات التي يبرزونها.

○ التخطيط الجيد للجلسة بتقسيم الوقت على فقراتها بما يتناسب وأهمية كل فقرة, وان يكون واعيا لهذه التوقيتات طوال مدة الجلسة.

○ إياك أن تضع اللوم أو تنتقد مدير الدورة إن أدرك الوقت فإن ذلك يضرـ بك وبالدورة أمام المتدربين. وأعلم إن سبب ذلك هو اخفاقك في إعداد خطة صحيحة للجلسة أو اخفاقك في التمسك بها.

○ يجعل المحاضر الجيد ملاحظاته بين يديه يسترشد بها في تقديم مادته.

○ يحاول المدرب جهده ان يتحرر من التوتر، وإن كان حديث التجربة في هذا المجال فعليه تحضير العبارات التي يستهل بها كلامه فلا غرابة ان يشعر البعض بضياع الكلمات من فمه في مثل هذه المواقف.

○ بعد التحية، أبدا هادئا في الكلام كي لا يضطرب نفسك وبين للمشاركين هدف الجلسة. ويفضل أن يوضح المدرب الفقرات الأساسية للجلسة مدرجا إياها على السبورة. وعند الانتهاء من كل فقرة تؤشر بعلامة الانتهاء منها قبل الانتقال إلى الفقرة التالية. إن إتباع هذه الطريقة تساعد جميع المشاركين على متابعة المدرب بالتسلسل الموضوع على السبورة.

○ أضفى الحماسة إلى كلامك تدريجيا ,اخرج من قالب البرود الذي تكون قد لبسته في اللحظات الأولى من الجلسة فإن الاستمرار به قد يقودك إلى فقدانك لانتباه الحاضرين مع مرور الوقت. تكلم بنبرة واثقة وحماس لكن من دون تصنع ومبالغة.

○ إذا شعر المحاضر الجيد بضغط الوقت عليه أثناء الجلسة فينبغي له أن يتذكر القاعدة الذهبية القائلة بأن في التدريب:

✓ معلومات **يجب** أن يعرفها المتدرب.

✓ معلومات **ينبغي** أن يعرفها المتدرب.

✓ معلومات **يفضل** أن يعرفها المتدرب.

وبدلا عن سعي المدرب لإلقاء كل ما في جعبته من معلومات ومادة تفيض عن الوقت المخصص للجلسة، يلجأ إلى التركيز على ما يعتبره "الأهم" ثم "المهم" ثم "الأقل أهمية" من المادة. وبخلاف ذلك (أي أن يحاول المدرب تقديم **كل ما لديه** في الوقت الضيق) يجد المدرب نفسه قد أخفق في تقديم "الرسالة" المناسبة إلى المتدربين.

- أحرص عند الكلام على سلامة النطق والفظ بشكل واضح.
- حاول ان يكون كلامك أكثر للفصحى إن كان المتدربون من دول عربية مختلفة لضمان تفهم الجميع.
- المحاضر الجيد يخطط ويهيْ لكيفية استخدام وسائل الإيضاح، ولأهمية هذا الموضوع سنتناولها تحت عنوان فقرة مستقلة فيما بعد أدناه.
- لأجل شد انتباه المتدربين إليك عزز كلامك بالأمثلة الواقعية ويفضل أن تكون من نفس البيئة كي تخلق لديهم الإحساس بالواقعية وإمكانية التطبيق.
- حافظ على إدامة الاتصال البصري مع الجميع، وزع بصرك على جميع الحاضرين ولا تقصره على بعض الأفراد.
- تجنب قراءة النصوص الطويلة من بعض المصادر، وإذا اضطرت لذلك فحاول أن تظهر ذلك على الشاشة، ويفضل أن يقتصر ذلك على الفقرات الأساسية فقط. إن طول مدة القراءة تباعد بين المدرب والمشاركين.
- لأجل إدامة متابعة المشاركين لك، حاول أن تغير من نبرة صوتك بين الحين والآخر وحسب طبيعة الموضوع، كما يمكنك ان تغير في استخدام وسائل الإيضاح أيضا.
- إذا شعرت أثناء تقديمك - خصوصا في المحاضرة - بأنك المتكلم الوحيد لفترة طويلة، فتوقف بشكل مناسب طارحا على المتدربين سؤالا عن رأيهم في بعض الفقرات التي تقدم طرحها، وذلك تجنبا لتسلل أي ملل لهم من متابعة الإصغاء.
- لا تسمح إطلاقا بأن تتحول المناقشات إلى حوار بين شخصين. تدخل بلباقة وأجعل المناقشة عامة وبإشرافك.
- أحذر ان تستطرد المناقشات إلى تناول مواضيع الجلسات التدريبية اللاحقة أو أن تتقاطع معها، كما أحذر ان تخرج المناقشات عن إطار مواضيع الدورة.

- إذا استأثر أحد المشاركين بالحديث مستفيظا بالكلام، حاول ان توقفه مخبرا إياه أنك على استعداد للاسترسال بالمناقشة خارج وقت الجلسة.
- قد يتعرض المدرب إلى سؤال لا يعرف جوابا يقينا له فيلجأ إلى طرح السؤال على كافة الحضور للمناقشة والتعليق. وينفع نفس هذا الأسلوب في تحريك المشاركين إن شعر المدرب بوجود نوع من الفتور لدى المشاركين.
- استخدم أسماء المشاركين عند مخاطبتهم مستفيدا من لوحات الأسماء التي أمامهم، ولتكن المخاطبة رسمية ومهذبة.
- لا تسمح إطلاقا بالسخرية من آراء المشاركين التي تطرح أثناء المناقشات، وتذكر ان الجو الآمن هو من أهم مستلزمات تفاعل المتدربين مع الدورة، وتذكر أيضا إن من واجبات المدرب ومدير الدورة هو حماية كل متدرب من أي تجاوزات قد تصدر من أحد المشاركين.
- لا تكن متعاليا عند مخاطبتك للمتدربين، ولا يبدر منك ما يستخف بمعلوماتهم أو قابلياتهم.
- تجنب العبث ببعض الموجودات كالنقود في جيبك أو المؤشر أو ماسحة السبورة أو الأوراق التي أمامك. ركز انتباهك على المشاركين.
- النكتة اللطيفة تساعد على كسر الجمود خصوصا في بداية لجلسة.
- أحذر استعمال ألفاظ أو أوصاف تخرج عن الذوق العام والقيم الاجتماعية.

*** التعامل مع المتدرب الصعب**

ليس من الغريب أن يوجد من بين مشاركي الدورة شخص أو أكثر ممن يحتاجون عناية وانتباه أكثر من قبل المدرب ومدير الدورة. فقد سبق وأن أسلفنا في الفصل الأول عند الحديث عن معوقات التدريب بأن بعض المتدربين قد يتخذون مسبقا موقفا سلبيا من الدورة لأسبابهم الخاصة. وهذا قد يسبب توترا وضغطا على هيئة التدريب لما يمكن ان يسببه من إرباك على مسار الدورة، أو إضعاف لدرجة التفاعل مع الدورة على الأقل.

إن السلوك السلبي للمشارك في القاعة يمكن ان يتخذ أشكالا عدة، وفيما يلي عرض موجز لأهم هذه الأنواع وكيفية التعامل معها:

- الثرثـار

يتميز هذا النوع بكثرة تعليقاته المتكررة وغير الهادفة والطويلة، فهو يكاد ان يعلق عـلى كـل شيء يقال سواء من المـدرب أو المشـاركين. وبعـد فـترة وجيـزة مـن بـدء الـدورة يشـخص مـن بقيـة المشاركين ويبدأ استيائهم منه. إن ترك هذا المشـارك عـلى مـا هـو عليـه،يمكن ان يخلـق مزيـدا مـن الاستياء لدى الآخرين كما يسبب مزيدا من إضاعة وقت الجلسات التدريبية.

هذا النوع من المشاركين تجب معالجته من قبل هيئة التدريب:

- ينبه مدير الدورة كافة المدربين بوجود مثـل هـذا المشـارك كي يتحسـبوا لكيفيـة التعامـل معه.
- أثناء الجلسة التدريبية، تجنب الاتصال النظري به قدر الإمكان.
- إن أطال في الكلام، لا بأس من مقاطعته بلباقة بحجة "دعنا نسمع وجهات نظـر الآخـرين حول هذا الموضوع".
- إن لم تجدي الأساليب أعلاه إلى نتيجة طيبة معه، على أحد أعضاء هيئة التدريب الانفراد به وإعلامه بأن المشاركين الآخرين يريدون حصصا متكافئة لهم من الكلام.

- الذي يهمس بأذن جاره

ويقصد به ذلك الشخص الذي يتحدث إلى جاره همسا، لكن بتكرار واضح يخلـو مـن الـذوق واحترام الجلسة التدريبية، وهذه الحالة هي نوع آخر مـن أنـواع الثرثـرة. وتكـرر هـذا الهمـس بـين الاثنين يخلق مضايقة للجميع وبشكل خاص للذين يجلسون في الجوار. ولما كانت هذه الحالة تتسـم بظاهرة التكرار وليست مجرد حالة عابرة فإنها تستدعي من المدرب التدخل لوضع حد لها:

- على المدرب أن يرمق الاثنين بنظراته المتكررة لخلق الإحساس والإحراج لديهما.
- مخاطبتهما أثناء التهامس وإبداء الاستعداد لهما لتوضيح ما هو غير واضح لأي مـنهما بمـا يفيد كافة المشاركين في القاعة.

o إذا استمرت هذه الحالة بالرغم من معالجتها بالأسلوبين أعلاه، يفضل الانفراد بالشخص الذي يبدر منه التهامس ومحادثته بلباقة عن الموضوع.

- المنتقد

نرى هذا النوع من المشاركين منتقدا لكل ما يقدم في الدورة وقد لا يتورع أن يصدر حكمه بإخفاق الدورة خلال الربع ساعة الأولى من بدئها. فهو ينتقد المادة والمدربين وأسلوب التدريب كما يمكن أن ينتقد القاعة والمكان، ويتسم نقده باللاموضوعية. هذا النوع من السلوك نادر وغالبا ما يكون صاحبه مكرها على المشاركة بالدورة ويعبر بسلوكه هذا الرفض والسخط. وقد يرى في نفسه "أرفع" من أن يحضر هذا اللقاء. لا يمكن غض النظر عن مثل هذا السلوك من قبل هيئة التدريب إذا تمادى هذا المشارك بالإساءة، كما أن الرد عليه في بعض الحالات يجب أن يكون حاسما ورادعا عند أول تصرف مسيء:

o حاول إن تضعه على المحك من خلال توجيه بعض الأسئلة إليه أو إسناد دور قيادة فريق من المتدربين أثناء التمارين والحالات الدراسية، فذلك قد يرضي غروره من ناحية، وتعريضه لأجواء من الجدية التي تضعه على المحك من ناحية أخرى.

- الساكت

يواجه المدرب نوع من المشاركين يغلب عليهم السكوت أثناء الدورة وقد لا ينطقون أبدا. يعتبر هذا السلوك سلبيا من وجهة نظر تدريبية لأن المدرب يسعى إلى خلق تفاعل مستمر بينه وبين المشاركين، فإن كان كافة المشاركين من هذا النوع فقد التفاعل المنشود وضاعت مؤشرات التغذية العكسية للمدرب.

إن أسباب "السكوت" كثيرة، منها ما يعبر عن طباع الشخص، ومنها ما يمثل حالة من الترقب والمتابعة لما يجري وقسم يمثل حالة انطوائية، وقسم يخفي عدم رضا وإكراه على الحضور للدورة، وقسم يتجنب التعرض للإحراج. لهذا يمكن القول بوجود أسباب عديدة وراء السكوت، لهذا لا غرابة ان نرى إن بعض من هؤلاء متابعين جيدين لكل ما

يجري في القاعة ويحرصون على تدوين ملاحظاتهم عن كل ما يقال. إن الأداء الجيد للدورة وحسن تصرف هيئة التدريب كفيلان بكسب جميع أو أغلب هذه الشريحة من المشاركين:

○ حافظ على إدامة الاتصال البصري بهذا النوع من المشاركين خصوصا عند توجيه سؤال أو دعوة للتعليق.

○ توجيه الكلام المباشر له للاستفسار مثلا عن تجربة منشأته بصدد الموضوع قيد المناقشة.

○ الإطراء – من دون مبالغة - على تعليقه إن تكلم.

○ إشعار الجميع بتوفر جو آمن في الدورة يسمح بطرح الآراء من دون سخرية الآخرين، وتوفر احترام هيئة التدريب لجميع المتدربين.

- الذي يطرح مشاكل عمله على المدرب

يواجه المدرب أحيانا بعض المشاركين الذين ينظرون إلى الدورة على أنها فرصة لمناقشة مشاكل أعمالهم وإيجاد الحلول لها، لهذا قد ينبري أحدهم من حين لآخر سائلا المدرب (كيف تحل هذه المشكلة......) ثم يسترسل بوصف مشكلته، من دون مراعاة لضوابط الدورة ومفردات مواضيعها. وكمثال عن هذه الحالة، سعى فاشلا أحد مشاركي دورة للإدارات العليا إن يحول الجلسة التدريبية التي أستضيف فيها رئيس ديوان الرقابة المالية في العراق إلى جلسة لمناقشة اعتراضات وتحفظات للديوان على أداء شركته للسنة الماضية، متناسيا إن الجلسة عامة وإن تفاصيل الموضوع لا تعود على بقية المتدربين بفائدة تدريبية.

○ إشعار المتدرب بشكل غير جارح بان وقت الجلسة لا يتسع للدخول في مناقشة تفاصيل حالة خاصة.

○ إذا كانت الدورة مقامة من قبل مركز تدريبي ويقدم الخدمات الاستشارية إضافة إلى التدريبية فإن تكرر مثل هذا الأسلوب، يسمح لمدير الدورة بان يوجه ملاحظة إلى جميع المشاركين يبين فيها استعداد المركز لتقديم خدماته

الاستشارية إلى المنشآت ودراسة كافة التفاصيل المتعلقة بذلك وتقديم التوصيات المناسبة.

- إن لم يجدي ما تقدم نفعا مع أحد المشاركين من هذا النوع، فيمكن محادثته عل انفراد وتبيان ما أشير إليه في الفقرة السابقة.

الاستخدام الفعال لوسائل الإيضاح

إن الإستخدام الصحيح والمناسب لوسائل الإيضاح يلعب دورا كبيرا في تحقيق الأثر التدريبي المطلوب على المتدربين. وهنا ينبغي بالمدرب ان يدرك ان التعلم من المادة المقدمة يتحقق عن طريق السمع والإبصار والإيحاء. وإذا وظفت أكثر من قناة من هذه القنوات الثلاث، ترسخت المعلومات في الذاكرة بشكل أعمق لدى المتدربين. لهذا يفضل توظيف قناتين أو الثلاث في خدمة الجلسة التدريبية.

ومن جهة أخرى، يجب إن تراعى كفاءة أي من هذه القنوات الثلاث (السمع والإبصار والإيحاء) عند الإستخدام الفعلي لها أثناء جلسة التدريب. وللتوضيح نستعرض أدناه أهم وسائل الإيضاح وكيفية الإستخدام الأمثل لها:

* **السبورة**

- التخطيط المسبق لكيفية استغلال مساحة السبورة، وتجنب الارتجال والعفوية في الإستخدام خصوصا إن كانت الحاجة لاستعمالها بشكل كثيف.
- يفضل تخصيص الجانب الأيمن من السبورة لتثبيت الفقرات الأساسية للجلسة أو المحاضرة، كي يتسنى للمتدربين متابعة تتابع مراحل العرض.
- قلل من الوقت الذي يكون ظهرك في مواجهة المتدربين.
- أكتب بخط واضح وكبير للدرجة التي يمكن قراءة الكتابة من قبل أبعد مشارك عن السبورة. وإن كان خطك على السبورة رديئا فتجنب استخدامها وأستعض عنها بوسائل أخرى جاهزة.

○ إن كان لديك الكثير لتكتبه على السبورة فليقع اختيارك على وسيلة إيضاح أخرى غيرها كالسبورة الورقية أو الشفافيات التي تمكنك من الإعداد المسبق لجزء أو كل الكتابة أو الرسوم.

* السبورة الورقية

○ لتكن معظم أو كل المادة معدة ومكتوبة مسبقا على الورق.

○ إن كان هناك ما يستدعي كتابته أو رسمه أمام المتدربين فأحرص أن يكون بقدر محدود كي لا تطيل من جعل ظهرك في مواجهة المتدربين.

○ إذا أردت ان ترسم مخططا على السبورة الورقية أمام المشاركين فإنك تستطيع تأشير ذلك مسبقا بالرصاص الخفيف الذي لا يمكن لأحد ملاحظته غيرك، فيعينك ذلك على تنفيذ رسم المخطط بسرعة.

○ ليكن الخط واضحا وأنيقا.

○ حقق تأثيرا بصريا باستخدام ألوانا مختلفة عند الكتابة وإبراز الفقرات المهمة.

○ إذا كان عرضك للمادة يتطلب بين الحين والآخر الرجوع إلى فقرات سابقة، فهذه الوسيلة الإيضاحية مناسبة لمثل هذه الأغراض. كما يمكنك وضع علامات مرئية لك على طرف الأوراق لتسهيل الرجوع بسرعة للورقة المطلوبة.

* شفافيات العاكس

○ تتيح هذه الوسيلة فرصة الإعداد المسبق للمواد المراد عرضها أمام المتدربين مما يقلل العناء على المدرب داخل الجلسة.

○ تتوفر في هذه الوسيلة إمكانية رسم المخططات والصور التي يصعب أو يتعذر رسمها في قاعة التدريب، كما توفر أيضا فرصة التأثير البصري باستخدام الألوان المختلفة.

○ في بعض الحالات يحتاج المدرب إلى رسم مخطط أو جدول أمام المشاركين ليريهم مراحل تطور تركيب المخطط أو الجدول، فيمكنه الاستعانة بعدد من الشفافيات المرسومة مسبقا، وتركيبها بعضا فوق بعض أمام المتدربين تدريجيا وفق المراحل المطلوبة.

○ احرص على تهيئة الشفافيات قبل الجلسة وجعلها بالتسلسل الـذي يخـدم عـرض المـادة، وإلا يتعرض المدرب إلى موقف غـير مـريح وهـو يبحـث بـين أوراقـه عـن شـفافية معينـة مفقودة تحت أنظار الجميع.

○ إعتني بالخط والكتابة واستخدام الألوان الغامقة المناسبة.

○ لا تجعل من قراءتك للشفافيات وكأنك تقرأ نصا مكتوبا للمحـاضرة فيبقى نظرك معلقـا معظم الوقت على الشاشة، بل إستخدمها لإظهار الفقرات الرئيسية والمهمة.

○ لإجل ان تكون مواجها للمشاركين باستمرار، إحـرص ان تقرأ مـن الشفافيات وليس مـن الشاشة.

* الشـرائح (السلايدات)

○ تأكد من تحضير كافة الشرائح المطلوبة وجعلها بالتسلسل المطلوب لأغراض العرض.

○ هيئ أمامك تعليقا أو شرحا مسبقا عن كل شريحة.

○ إن توفر لك مع الشرائح شريط صوتي يقدم شرحا عن الشرائح، استمع له قبل الجلسة وإن كان ناطقا بلغة أجنبية فقد يحتاج إلى الترجمـة أو الاستعاضـة عنـه بملاحظاتك وتعليقك عليه.

* الأفـلام

○ الفلم هو وسيلة إيضاح كما هـو بـنفس الوقت وسـيلة تـدريب. راجع الفصـل الرابـع/ حادي عشر، للاطلاع على ملاحظات عن العرض الصحيح.

الفصل السادس
تقييم الدورة

الفصل السادس
تقييم الدورة

مفهوم التقييم

تهتم أغلب هيئات التدريب ومدراء الدورات بإجراء تقييم للدورة الذي غالبا ما يكون عند انتهائها. ويقصد بالتقييم في هذا المجال التحقق من مدى تطابق الدورة (كلا أو جزءا) مع التوقعات المرسومة لها. ولإجل ذلك تستبين آراء المتدربين عن مقدار الفائدة أو المنفعة التي تحققت لهم جراء مشاركتهم بالدورة.

وإستبيان الآراء وإن ينصب في العادة على تقييم مواضيع الـدورة والأساليب التدريبية التـي استخدمت فيها والمواد التدريبية التي وزعت، إلا انه يمكن التوسع في ذلك لتشمل فقرات أخرى مثل مدة الدورة، تاريخ الانعقاد، مدة وتوقيت الجلسات. كما يمكن أن يتسع الإستبيان أكـثر مـن ذلك للاطلاع على رأي المتدربين في فقرات أخرى قد تشغل بال هيئة التدريب مثل مدى ملائمة القاعـة و مكان التدريب وخدمات الضيافة التي وفرت أثناء الدورة أو أي فقرة أخرى. إن عدد الفقرات التي يستبين عنها عند التقييم يزداد أو يقل تبعا لاهتمامات إدارة الدورة حين تنفيذها. فهـي قـد تغـير أو تضيف بعض الفقرات من حين لآخر وفقا لظروفها واهتماماتها. وقد تعتمد هيئـة التـدريب فقـرات معينة ثابتة يجري التقييم عليها إلا انها تضيف عليها فقـرات أخـرى دوريـا وتسقطها بعـد إجـراء التقييم عليها لمرة أو مرتين.

وتجدر الإشارة إلى أن نطاق بيانات التقييم هو أوسع من نطاق هـدف الـدورة، فمـن الخطـأ التصور بان التقييم ينحصر على التحقق من مدى هدف الدورة فقط، ولذلك سببان. أولا، مهما كـان هدف الدورة محددا فانه من الصعب قياس النتائج بشكل دقيق. وثانيا، تهتم إدارة الدورة بجوانـب تقنية (مثال: مدى فاعلية أسـاليب التـدريب) وأخـرى مسـاعدة وتكميليـة غـير تقنيـة تلعـب أدوارا حيوية أو مهمة في الوصول إلى هدف الدورة إلا انها ليست جزءا منه.

وهناك أنواع من التقييم، فمنها ما ينفذ عند بدء الدورة ومنها ما ينفذ أثنائها إضافة للتقييم الختامي فلكل نوع غاياته، ولكل نوع أساليبه فهناك الإستبيان كما هناك المحاورة الجماعية والحديث مع الأفراد أيضا، نتناولها تباعا في هذا الفصل.

أهمية تقييم الدورة
تكمن أهمية عملية تقييم الدورة بالفقرات الآتية:

معرفة النتائج
لما كان التدريب نشاطا هادفا فمن الطبيعي ان يكون لدى القائمين عليه الوازع لمعرفة نتائج هذا الأداء، وكيف تراه عيون المتدربين.

تحسين الأداء
يستفاد من التقييم لتحسين الكيفية التي يتم فيها تنفيذ الدورات المماثلة اللاحقة. فالتقييم هو مصدر حيوي من المعلومات للتغذية العكسية التي تؤشر نقاط الضعف والقوة في الأداء السابق للاستفادة منها مستقبلا للارتقاء في تنفيذ دورات مماثلة ويوضح الشكل(1) أهمية المعلومات لمختلف مراحل العملية التدريبية، فمرحلة تحديد الحاجات التدريبية هي جهود برمتها تهدف الحصول على (معلومات) لرسم صورة واضحة عن حاجات العاملين من التدريب، وفي مرحلة تصميم برنامج الدورة التدريبية تحتاج هيئة التدريب إلى (معلومات) منبثقة من المرحلة السابقة لإعداد كل ما يتعلق بتصميم الدورة. كما ان مرحلة التنفيذ من حيث الخطوط العريضة والتفاصيل معتمدة أيضا على (معلومات) على المرحلة السابقة وهكذا وصولا لمرحلة تقييم الدورة التي هي بدورها (معلومات) في غاية الأهمية تعود لتصب في المرحلة الأولى / التخطيط والتي تمثل حاجات التدريب وجهها الأول، ويبدأ هكذا من جديد دوران ثاني في عملية التخطيط والرقابة الذي يعتمد في جوهره على المعلومات (معلومات جديدة + معلومات راجعة) سواء كان ذلك على مستوى دورة أو مستوى نشاط التدريب ككل.

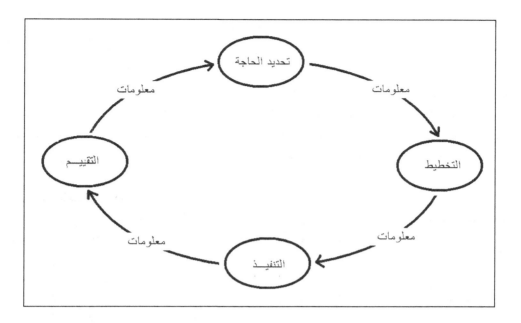

الشكل (2)
المعلومات والعملية التدريبية

تشخيص حاجات تدريبية جديدة

إن معلومات التغذية العكسية تساعد على تشخيص حاجات تدريبية جديدة لم يكن ملتفت
إليها سابقا. فإجراء إستبيان لآراء المتدربين والحوار معهم يكشف مثل هذه الحاجات التي يمكن إن
تطور من قبل هيئة التدريب إلى مشاريع لدورات جديدة من نوعها لم تكن مطروقة ويمكن ان تلبي
حاجات العديد من المنشآت والعاملين.

إن نجاح هيئة أو مركز التدريب بتحقيق نجاح من مثل هذا النوع له أهمية كبيرة على
مجمل نشاط التدريب وعلى كيان المركز التدريبي. فمن الثابت في ستراتيجيات إدارة الأعمال إن
ديمومة الأعمال وتطورها تعتمد إلى حد كبير على مدى نجاح المنشآت في تطوير منتوجاتها
وخدماتها، وطرح منتوجات وتقديم خدمات جديدة إلى السوق باستمرار بالشكل الذي يلبي
احتياجات الزبائن. فمن شأن هذا ان يعزز مكانة المركز التدريبي في السوق من جهة ويعزز من
النظرة الإيجابية إلى التدريب من جهة ثانية.

شهادة حسن أداء

التقييم الجيد للدورة من قبل المتدربين هو بمثابة شهادة حسن أداء صادرة بحق هيئة التدريب، واكثر ما يكون ذلك نفعا في حالة الدورات المتعاقد عليها بين منشأة ومركز تدريب مختص مستقل لتدريب مجموعة من موظفي الشركة بدورة أو أكثر خاصة بهم. إن اطلاع إدارة المنشأة على نتائج التقييم سواء تم ذلك تحريريا أو شفهيا يعزز من رصيد المركز التدريبي وهيئة التدريب.

أنواع وأساليب التقييم

هنالك أنواع عديدة لتقييم الدورة تصنف حسب المرحلة الزمنية التي يجرى فيها التقييم أو حسب طبيعتها وأغراضها، نستعرضها مع الأساليب المتبعة في إنجازها،أدناه:

*** قبل الدورة**

يكاد ان يقتصر التقييم هنا على منهاج الدورة بشكل رئيسي وقد يتسع قليلا ليشمل أساليب التدريب التي ستعتمد في تنفيذ الدورة. ولتوضيح أساليب وكيفية ذلك:

- الاتصال بالمرشحين (أو بعضهم) قبل انعقاد الدورة لاستطلاع آرائهم ومناقشة البرنامج معهم.
- في الحالات التي تكون الدورة متعاقد عليها مع إحدى المنشآت ولتدريب بعض منتسبيها، يناقش منهاج الدورة مع إدارة المنشأة والمرشحين للدورة إذ حري بالمنهاج ان يكون ملبيا لتفاصيل حاجاتهم التدريبية ما دامت الدورة خاصة بهم. وعلى ضوء المناقشات قد يتقرر التوسع ببعض المواضيع أو إضافة مواضيع أخرى. وقد أثبت هذا الأسلوب فاعيلته بالتطبيق العملي.
- في يوم افتتاح الدورة، يستعرض منهاج الدورة مع المتدربين لاستمزاج آرائهم عنه واطلاعهم عليه في آن واحد. وقد أثبت هذا الأسلوب فاعليته في التطبيق العملي أيضا. وهنا لابد من انتباه هيئة التدريب إلى ضرورة توفر المقدرة مسبقا لديها لإجراء التغييرات السريعة على منهاج الدورة يوم افتتاح الدورة، فهي عملية غير يسيرة تتطلب تغيير بعض المواضيع أو إضافة مواضيع جديدة

خلال فترة قصيرة جدا. إلا إن ذلك إذا تحقق فعلا للمشاركين بالدورة يزيد من اهتمام المشاركين بالدورة وقناعتهم بها لكونهم ساهموا في تطوير المنهاج.

أما الطريقة المتبعة في تقييم المنهاج فهو عرضه على الطرف الآخر للمناقشة وتبادل الآراء معه عن ذلك. وبعبارة أخرى، يخلو التقييم عادة من استخدام النماذج والإستبيانات المطبوعة.

*** أثناء الدورة**

تعتمد بعض هيئات التدريب طريقة التقييم المتزامن للدورة، حيث يجرى التقييم أثناء الدورة حيث يستقصى رأي المشاركين عن وقائع الدورات وجلساتها أولا بأول يوميا. والتبرير الذي يساق في هذا المجال هو الحصول على انطباعات المشاركين قبل نسيانهم لها فيما لو تركت إلى نهاية الدورة أولا، ولتدارك ما يمكن تداركه من السلبيات قبل فوات الأوان ثانيا. ولتنفيذ ذلك من الناحية العملية تتبع إحدى طريقتين:

- الحوار الحر

ويلجأ فيه مدير الدورة إلى استطلاع آراء المتدربين بوقائع الدورة من خلال التحدث معهم بشكل منفرد أو جماعي ومن دون الاعتماد على نص أو نموذج.

- التقييم التحريري الجزئي

يعتمد مدير الدورة استبيانا كالذي يعتمد عادة في نهاية الدورة، راجع الشكل رقم (2) أو يعتمد نفس الإستبيان ويطلب من المتدربين تثبيت البينات المطلوبة في نهاية كل يوم. ويبقى الإستبيان في حوزة المتدربين لغاية اليوم الأخير حيث يستكمل ما تبقى منه ويعاد إلى مدير الدورة.

*** عند انتهاء الدورة**

هذه الطريقة هي الأوسع شيوعا في التقييم حيث يجرى التقييم لكامل الدورة عند انتهائها، قبيل مغادرة المتدربين للقاعة ويمكن ان تكون تحريرية أو شفهية أو بالجمع بين الأسلوبين وكما موضح أدناه:

- التقييم التحريري

يعتمد في التقييم التحريري عادة إستبيان يملأ من قبل المتدربين عند نهاية الـدورة. ويتضمـن الإستبيان مجموعة من الأسئلة التي تشغل بـال هيئـة التـدريب تتنـاول انطباعـات المتـدربين عـن المواضيع وأساليب التدريب. وقد يتضمن الإستبيان أسئلة تتعلق بآراء المشاركين عن القاعـة أو مـدة وتوقيت الجلسات وغيرها من الأسئلة. إلا أنه لما كان هذا النوع الأخير مـن الأسئلة يتنـاول جوانـب ثابتة من الدورة لا تتغير باستمرار (صلاحية القاعة، طول الجلسة التدريبية الواحدة...) كما هو حـال مواضيع الدورة مثلا، فقد يصار إلى استطلاع رأي المتدربين عنها في فترات متباعدة كأن تكون كل ستة أشهر مثلا للتحقق من عدم وجود تبدل في آراء المتدربين.

لا يوجد نموذج ثابت للإستبيان وإن كانت جميعها تتمحور حول نفس الفقرات. إلا انه يجب ان يراعى ان يكون الاستبيان مختصرا، ومعتمدا طريقـة تعـدد الخيـارات في الإجابـة لتسـهيل عمليـة إدراج المعلومات بسهولة للمتدرب. وثمة جانب آخر يجب الالتفات إليه عند تصميم الإستبيان، إلا هو ضرورة توحيد عدد خيارات الإجابة لكل الأسئلة مـن أجـل تحقيـق حالـة مـن التـوازن يمكـن ان نسميها (وحدة الميزان) عند تبويب البيانات وتحليلها لاحقا، فإذا كانت خيارات الإجابة على السـؤال الأول مثلا أربعة خيارات فلا يجوز ان تكون خيارات الأسئلة الأخرى أقل أو أكثر من ذلك.

وثمة جانب آخر يستحق الالتفات إليه في التقييم التحريري وهو ضرورة إغفال أسم المتدرب في الإستبيان لتوفير حرية التعبير للمتدرب وخلق الجو الآمن له من جهة، وصدق المعلومات لنـا مـن جهة ثانية.

الشكل(2)

نموذج استبيان لتقييم دورة

الفائدة من المادة للعمل	**ممتاز**	**جيد**	**معقولة**	**ضعيفة**
الجلسة الأولى	☐	☐	☐	☐
الجلسة الثانية	☐	☐	☐	☐
الجلسة الثالثة	☐	☐	☐	☐
الجلسة الرابعة	☐	☐	☐	☐
الجلية الخامسة	☐	☐	☐	☐
عرض وتقديم المادة				
أسلوب العرض	☐	☐	☐	☐
وضوح المادة	☐	☐	☐	☐
مشاركة المتدربين	☐	☐	☐	☐
المادة المكتوبة	☐	☐	☐	☐
التقييم العام للدورة	☐	☐	☐	☐

ملاحظات ومقترحات للتطوير:-

- التقييم الشفهي

إن هذا الأسلوب لا يعتمد أي إستبيان أو نموذجا أخرا، بل يعتمد أسلوب الحوار الذي يقوده مدير الدورة عادة ليستطلع آراء المتدربين بالنواحي المختلفة للدورة. إن نقطة الضعف الرئيسية في هذا الأسلوب هو خشية ان تسود روح المجاملة، ولربما التخوف لدى المتدربين تجاه هيئة التدريب فيحجمون عن تقديم الملاحظات أو الانتقادات خصوصا إن كان المتدربون من صغار الموظفين.

وبالمقابل، قد يتميز هذا الأسلوب بنقطة قوة إذا كان في جعبة بعض المتدربين اقتراحات لتطوير نفس الدورة أو أفكارا أو مواضيعا لدورات جديدة، حيث يمكن لهيئة التدريب أن تستفهم وتستوضح منهم وجها لوجه، كما ان بقية المتدربين قد يساهمون في تطوير المقترحات وبذلك يتحقق تفاعل كبير بين الأطراف كافة لتطوير العمل يغني هيئة ومركز التدريب في مجال تحديد الحاجات التدريبية وتطوير العمل.

- الجمع بين التحريري والشفهي

تلجأ بعض هيئات التدريب للجمع بين التقييم الشفهي والتقييم التحريري الذي جرى ذكرهما آنفا لتحقيق مزايا الأسلوبين معا. فالتقييم التحريري هو الأكثر تعويلا وثقة في مجال الإشارة إلى السلبيات في أداء الدورة، في حين التقييم الشفهي أكثر فاعلية في مجال تطوير وبلورة أفكار ومقترحات جديدة.

وعند الأخذ بهذا الأسلوب ينبغي إجراء التقييم التحريري أولا كي نتجنب خلق مؤثرات على رأي المتدرب ناجمة من تعليقات زملائه أو من مدير الدورة فيما لو أجري التقييم الشفهي أولا.

* الاختبار القبلي والاختبار البعدي

وهذا نوع آخر من أنواع التقييم وإن كان أسمه "اختبار"، فهو يهدف إلى تقييم فاعلية الدورة في إضافة معلومات جديدة إلى المتدربين من خلال إختبارهم مرتين. يجرى الإختبار الأول عند بدء الدورة وذلك بتوزيع ورقة أسئلة على المتدربين تتضمن مجموعة من الأسئلة التي تحتاج إجابات قصيرة كالتعاريف أو الإجابات المتعددة الخيارات. ويدور

محور الأسئلة عن موضوع الدورة طبعا، فتصاغ مجموعة من الأسئلة لتكوين فكرة عن معارف المتدربين كما هي عليه في لحظة بدء الدورة. وعند ختام الدورة يعاد الإختبار ثانية للمتدربين، وغالبا ما تستخدم نفس أسئلة الإختبار الأول، لتحديد معارف المتدربين عند نهاية الدورة. ومن مقارنة نتائج الاختبارين يتبين مدى نجاح الدورة في إيصال معارف جديدة إليهم.

ويمكن للقارئ ان يسجل بسهولة أكثر من تحفظ على هذا النوع من التقييم للدورة. فهو يقتصر فقط على قياس حجم المعارف التي أوصلتها الدورة للمتدربين، ولا يتسع ليشمل جوانب تدريبية مهمة أخرى كأساليب التدريب مثلا. ويسجل تحفظ آخر على هذا النوع من التقييم وهو إن الإختبار الثاني غالبا ما يكرر نفس مجموعة أسئلة الإختبار الأول بذريعة الحفاظ على مستوى التوازن في الأسئلة، إلا ان الحالة تصبح وكأنها تسريب أسئلة للممتحنين ليحققوا علامات عالية في الإجابة.

تقييم المتدربين

عندما تكلمنا في الصفحات السابقة عن أنواع التقييم، أنصب كلامنا على تقييم الدورة بجوانبها المتعددة مثل التقييم العام للدورة، أهمية المواضيع من الناحية العملية، وأساليب التدريب. وقد تتسع اهتمامات هيئة التدريب لتجعل التقييم يغطي فقرات أخرى كالمادة العلمية المكتوبة، توقيت الجلسات ومددها، ومكان التدريب....وذلك وفقا لاهتمامات وأولويات هيئة التدريب حينها. إلا أننا لم نتطرق اطلاقا إلى تقييم المتدربين، حتى إننا أشرنا عند التطرق إلى "الإختبار القبلي والإختبار البعدي" إلى انه عملية تقييم لأحد جوانب الدورة وليس تقييما للمشاركين فيها. فهل ياترى توجد حاجة لتقييم المتدربين؟ وكيف؟

لا يجرى تقييم للمتدربين في الحالات الاعتيادية، حيث إن المتدربين هم "الزبون"، وهيئة التدريب هم مقدم الخدمة، وعادة ما يبادر مقدم الخدمة بالطلب إلى الزبائن بتقييم خدماته لهم من أجل تطويرها. إلا أنه في بعض الحالات المحدودة يمارس تقييم للمتدربين من قبل هيئة التدريب، بناء على طلب أرباب العمل (إدارات المنشآت).

في أغلب الحالات التي يجري فيها تقييم للمتدربين يكون الهدف منها هو تحفيزهم حيث يكافأ المتدرب الذي يحرز موقعا متقدما في التقييم، وغالبا ما ترتبط هذه الممارسة بالدورات الخاصة التي يكون جميع المشاركين فيها من منشأة واحدة. ولهذا شاعت هذه الممارسة في العراق في حقبة الثمانينيات والتسعينيات من القرن الماضي في أوساط منشآت القطاع العام التي تمثل القطاع الأعظم من النشاط الاقتصادي في حينها. وربطت التعليمات في حينها بين استحقاق الموظف للترقية وبين شرط تحقيق مشاركة في دورات تدريبية.

وبالرغم من الأثر الإيجابي لهذه الحوافز على الموظفين وإقبالهم على الدورات التدريبية، بقي الشعور العام للموظفين هو التوجس من الإختبار، وهذا شيء طبيعي. ويجرى الإختبار عادة بأسلوب الأسئلة المتعددة الخيارات.

ومن الجدير بالذكر ان بعض مراكز التدريب اهتمت بتحفيز الموظفين للإقبال الذاتي على الدورات ومن دون ربط ذلك بترقيات مرتقبة ومن دون إجراء إختبار، حيث يقوم مدير الدورة بانتقاء أفضل ثلاثة مشاركين وتقديم هدايا عينية لهم. ولغرض إختيار هؤلاء الثلاثة، يقوم مدير الدورة باستطلاع آراء المشاركين أو عينة منهم على انفراد لتحديد أفضل ثلاثة مشاركين في المجموعة. إن إتباع مثل هذا الأسلوب يساهم في تقبل المتدربين الذين يقع عليهم الاختيار. كما تبادر بعض مراكز التدريب بتقديم هدايا تذكارية بسيطة لكل المتدربين.

خفايا في عملية التقييم

من خلال ممارسة التقييم وتحليلها لفترة طويلة يمكن لهيئة التدريب إن تشخص بعض الظواهر في عملية التقييم التي تكشف بان المتدرب يقع أثناء التقييم تحت مؤثرات غير موضوعية، قد تعطي مؤشرات غير صحيحة لهيئة التدريب. فقد تتوفر بعض العوامل التي تقلل من موضوعية التقييم الذي يقوم به المتدرب، ومن أمثلة ذلك الحالات الآتية الآتية:

- تقييم أداء المدربين بعضهم مع بعض

تتأثر درجة التقييم التي يمنحها المتدرب لأي من المدربين إلى حد بعيد بمجموعة المدربين المصاحبين له في نفس الدورة. فالمتدرب يميل من حيث لا يشعر إلى المقارنة بين مدربي الدورة بعضهم مع بعض، وليس مع "معيار" واضح لجودة الأداء. وكمثال على ذلك، كان في أحد المراكز التدريبية مدربا دائما يحتل موقع الصدارة بين زملائه المدربين. وفي إحدى الدورات المهمة التي تميزت بالمستوى العالي للمشاركين فيها (إدارة عليا) قررت إدارة المركز التدريبي حشد أقصى الطاقات في تنفيذ هذه الدورة واستعانت ببعض المدربين الخارجيين من خارج المركز إضافة إلى المدرب المعروف بتميز أدائه. وأبلى جميع المدربين بلاءً ممتازاً، إلا ان صاحبنا رغم انه قدم أداءه المعتاد أحتل هذه المرة الموقع الأخير في درجة التقييم بين أقرانه المدربين.

وتفسير ذلك إنه بسبب غياب المعيار الواضح للتقييم لدى المتدربين، يجعلهم يميلون (من حيث لا يشعرون) إلى ان يتخذوا من أداء أحسن وأدنى مدربين معيارا لقياس وتقييم كافة المدربين، فلابد في نظرهم ان يكون مدربا "ممتازا" وآخرا "ضعيفا" ضمن نفس الطاقم التدريبي. وبضوء هذه الحقيقة، يميل بعض مدراء الدورات المتمرسين إلى الاختيار المتعمد لأحد المدربين المعروف لديهم بضعف أدائه نسبيا لأن يكون ضمن طاقم هيئة التدريب، وتخصيص أقل ما يكون له من جلسات التدريب، وذلك لتجسيم "جودة" أداء بقية طاقم التدريب.

- الانحياز للقيمة المعنوية للمحاضر

يستضاف أحيانا في الدورات بعض الشخصيات المعروفة لدى الجميع كأحد المسؤولين الكبار أو الباحثين المعروفين لإلقاء محاضرة أو التحدث للمشاركين في الدورة عن أحد مواضيعها، ويأخذ الحديث طابعا إلقائيا بعيد جدا عن الأساليب التدريبية، إلا انه رغم ذلك نجد ان نسبة كبيرة من المشاركين تثمن "الأداء التدريبي" لهذا الشخص! ومن متابعة شخصية للعديد من مثل هذه الحالات لمس المؤلف ان المشارك ينحاز بشكل غير موضوعي، لا واعي، لصالح الشخص المشهور اجتماعيا أو سياسيا أو إداريا حتى وإن كان لديه ضعف في المادة التي يقدمها وضعف في أسلوبه التدريبي.

- **صعوبة التمييز بين تقييم المادة وتقييم الأسلوب**

يصعب على كثير من المشاركين عند التقييم الفرز بين تقييم "المادة" وتقييم "الأسلوب التدريبي"، فكلاهما واحد في نظره. فيميل المشارك إلى منح نفس درجة التقييم للاثنين. فترى بعض المشاركين قد يعتبر إحدى مواد الدورة الأساسية على أنها غير مهمة ويؤشر ذلك في استمارة التقييم بالرغم من إن ذلك يتنافى مع الحقيقة والعلم والواقع. وهذا إن دل على شيء فإنما يدل على دور وأثر المدرب وأسلوبه التدريبي في تكوين النظرة والانطباع لدى المشارك عن المادة المقدمة في الدورة. فكلما كان أثر المدرب عاليا على المتدرب، ازدادت أهمية المادة في نظره والعكس بالعكس.

- **التأثير العاطفي**

يلجأ بعض المحاضرين إلى تحريك العواطف من خلال مخاطبة الروح الوطنية أو الدينية لدى المشاركين من أجل شحذ هممهم للأخذ بوسائل التطوير. ويمكن للمراقب الحاذق الذي يتابع مثل هذا الأداء أن يلاحظ ضعف المادة المعطاة بالمقارنة مع حجم الإثارة النفسية المستخدمة، إلا أن عددا غير قليل من المشاركين يميلون للمبالغة في تثمين دور هذا المدرب عند التقييم. ومن الملاحظة تبين ان هذا الأسلوب في المخاطبة لا يلقى عادة ترحيبا في دورات الإدارة العليا والدورات التي تضم شرائح كبيرة من المشاركين الواعيين أو المثقفين.

قياس فاعلية التدريب

يشغل موضوع فاعلية التدريب بال الإدارات العليا كما يشغل بال هيئات التدريب. وبالنسبة للإدارات العليا فإن هذا الموضوع مرتبط بمسألة القناعة بأهمية التدريب ودوره في تطوير أداء المنشأة، وإن رغبت الإدارة العليا بقياس فاعلية التدريب فإنها بذلك كمن يريد ان يطمئن قلبه من ان العوائد المتحققة للمنشأة من التدريب تعادل أو تزيد على ما صرف عليه من أموال. وهذا شيء حكيم وحق مشروع، فهي تريد ان ترى بالعين وتلمس باليد مردودات التدريب.

وعند الحديث عن التدريب لابد من الحديث عن أداء الفرد، فالتدريب ما جاء إلا لتطوير قابليات الفرد وتحسين أداءه. فنشاط التدريب ينبغي ان ينعكس على أداء العاملين، كما ان أداء العاملين ينعكس بدوره على إنتاج وإنتاجية المنشأة. فالبحث عن قياس فاعلية التدريب يجب أن تكون في دراسة أثر التدريب على أداء الفرد وعلى إنتاجية المنشأة.

* قياس أداء الفرد

هنالك جانبان لأداء الفرد كمي ونوعي. ويعبر عن الأداء الكمي بالوحدات، مثل الكميات المنتجة أو الكميات المباعة،، عدد المعاملات المنجزة وذلك تبعا لطبيعة نشاط الفرد. وبواسطة التدريب تتوقع الإدارة ان يتحسن أداء الفرد بزيادة أرقام هذه الوحدات مثل كمية الإنتاج، كمية المبيعات، المعاملات المنجزة مثل تحسن أداء الموظفة على الطباعة بازدياد سرعة الطباعة لديها، وزيادة عدد المعاملات المنجزة من قبل الموظف، وزيادة عدد صفقات البيع التي يحققها البائع.

إلا إن الأمر ليس بالسهولة نفسها عند قياس الجانب الثاني للأداء وهو الجانب النوعي, إذ أن قياس الجودة أصعب من قياس الكمية فقد يحقق بائع صفقة بيع ناجحة مثلا إلا انه لا يترك أثرا طيبا على الزبون بالقدر الذي يتركه زميله. فهنا يوجد جانب حسي ـ يصعب قياسه. كما توجد في المنشأة العديد من الوظائف والأنشطة التي يصعب فيها قياس تحسن الأداء مثل: المهارات الإدارية للمدير عندما يمارس عمله اليومي المعتاد، وتحسن مهارات المسؤول الي يقود الاجتماعات التي تحقق درجات أعلى من التفاعل بين الفريق وإنضاج جيد للقرارات التي تتخذ، وهكذا في مجالات أخرى كالتفاوض وإبرام العقود.

إن صعوبة قياس مقدار الأداء النوعي أي بمعنى قياس التحسن الحاصل على أداء الفرد بشكل كمي لا يمكن أن ينفي وجود التحسن. فنحن نلمس التحسن بالنتائج المعبر عنها بطريقة المدير في إدارة المنشأة، وبنمط إدارة الاجتماعات، ومنهجية اتخاذ القرارات، ونتائج العمليات التفاوضية. والمسألة الحسية يشعر بها المحيطون بالفرد صاحب العلاقة سواء كانوا موظفين أو مدراء أو زبائن. وكلما أزداد عدد الأفراد الذين يتحسن أدائهم في المنشاة، أزداد التأثير الإيجابي على إنتاجية المنشأة.

* قياس الإنتاجية

من الطبيعي ان ينعكس حسن أداء العاملين على أداء المنشأة فالعمل هو أحد العناصر الأساسية في الإنتاج، ويتجسد ذلك بمعدلات الإنتاج ومؤشرات الإنتاجية. وللتذكير فإن الإنتاجية هي نسبة المدخلات إلى المخرجات في إي عملية أو نشاط اقتصادي. وبما ان التدريب يحقق ارتقاءً بأداء العاملين، فإن نفس حجم القوى العاملة يحقق للمنشاة نتائج أفضل بالمعايير الكمية والنوعية. وبديهي إن ينعكس ذلك على المؤشرات العامة لإنتاجية المنشأة وعلى المؤشرات الخاصة بكل قطاع.

لهذا فإنه من الظواهر العامة المؤكدة التي يمكن إن يلاحظها الفرد في عالم المنشآت الاقتصادية، سواء كان مختصا أو زبونا، هو إن المنشآت التي ترعى النشاط التدريبي وتهتم بتدريب العاملين فيها، هي أكثر نجاحا في أعمالها بمقاييس الإنتاجية والسوق والتعامل مع الزبائن، وإن هذه العلاقة بين التدريب والإنتاجية أضحت علاقة طردية يتناسب أثرها الإيجابي كلما خضع العاملون للتدريب أكثر. فنحن أمام حقيقة ثابتة مفادها إن التدريب هو المفتاح الرئيسي- للإنتاجية الشاملة، فمن خلال هذا المفتاح يمكن الحصول على مفاتيح زيادة إنتاجية عناصر الإنتاج الأخرى كإنتاجية المواد الأولية وإنتاجية المكائن وغيرها.

يتبين من العرض الموجز عن قياس فاعلية التدريب أعلاه أننا أمام حقيقتين. أولا، إن التدريب يساهم بشكل مباشر في تطوير قدرات العاملين، وبالتالي ينعكس مردوده النهائي على إنتاجية المنشأة. والحقيقة الثانية هي إن عملية قياس فاعلية التدريب عملية تكتنفها الصعوبات خصوصا في قياس الجانب النوعي والسلوكي. ولأجل تحقيق مثل هذه الدراسة للقياسات الدقيقة لابد من صرف جهود غير عادية، إضافة إلى الكلف المادية الناجمة عن ذلك. وهنا يبرز سؤال مشروع يفرض نفسه علينا عن الجدوى والمبرر لمثل هذه الدراسة والكلف أمام حقيقة فاعلية التدريب في زيادة الإنتاجية. فالصرف أولى أن يكون على تحديد الحاجات التدريبية وعلى توفير فرص التدريب خصوصا وان المنشآت تعيش يومياً ظروف ومستجدات جديدة تفرض باستمرار حاجات تدريب جديدة.

المراجع

- البيشي، محمـد نـاصر (1408) دليـل المـدرب، معهـد الإدارة العامـة، الريـاض، المملكـة العربيـة السعودية.

- المعايطـة، داود،أبـو حشـيش، عبـد العزيـز (1423هـ) حقيبـة تـدريب المـدربين، عمـادة البـرامج التدريبية وخدمة المجتمـع، وكالـة الـوزارة لكليـات المعلمـين، وزارة التربيـة والتعلـيم، المملكـة العربية السعودية.

- تصميم معارف التدريب وأنشطة التعلم والتقييم المرحلي

Adapted from fredman and arbrough 1983. t.t.174—180 –

- Ilo 1981 p.p.19 – 40 and Thomas and other. programmed learning -in perceptive Chicago education at in al method i.n.c.

- تصميم أهداف التدريب وتحديد متطلبات القبول للبرنامج

Mager R. Preparing instructional objective: Belmont:1973 –

- تريسي، وليم (1984) تصميم نظم التـدريب والتطـوير، نيويـورك، أمريكـا، ترجمـة الجبـالي، سـعد، (1990) معهد الإدارة العامة، الرياض، المملكة العربية السعودية.

- باشات، احمد إبراهيم، (1978) أسس التدريب، دار النهضة العربية، القاهرة.

الدوري، حسن، الإعداد والتدريب بين النظرية والتطبيق

الشقاوي، عبد الرحمن (1985) التدريب الإداري للتنمية، معهد الإدارة العامة، الريـاض، المملكـة العربية السعودية.

- جون انيت: التدريب بـين النظريـة والتطبيـق، ترجمـة فارس حلمـي، (1408هـ) المجلـة العربيـة للتدريب، المركز العربي للدراسـات الأمنيـة والتـدريب، المجلـد الثـاني، العـدد الثالـث، الريـاض، المملكة العربية السعودية.

- حسنين، حسين (2002) طرق التدريب، ط2، دار مجدلاوي للنشر والتوزيع، عمان، الأردن.

- حسنين، حسين(2001) أدوات تحديد الاحتياجات التدريبية، دار مجدلاوي للنشر والتوزيع، عـمان، الأردن.
- الشاعر، عبد الرحمن إبراهيم (1995) أسس تصميم وتنفيـذ الـبرامج التدريبيـة، دار ثقيـف للنشرـ والتأليف، الرياض، المملكة العربية السعودية.
- الخطيب، احمد، الخطيب، رداح، (1986) اتجاهات حديثة في التدريب، مطابع الفرزدق التجاريـة، الرياض، المملكة العربية السعودية.

Printed in the United States
By Bookmasters